ChatGPT 來了！讓孩子活出熱情，啟動真探究的內在學習

AI如何重塑教育

How AI Reshapes Education

陳雅慧、賓靜蓀、溫怡玲、親子天下——著

感謝十四位專家學者分享

（按姓氏筆畫排序）

感謝十四位人工智慧領域及教育專家，從專業、親師的角度，提出了ＡＩ時代所需的能力與解方，讓我們做好準備，迎接這個ＡＩ新時代。

產業界

張嘉淵

廣達電腦技術長暨副總經理、廣達研究院院長。原本學的是航太，二〇〇〇年加入廣達，負責前瞻產品研發、未來科技策略及全球研發合作，同時是ＡＰＥＣ企業諮詢委員會數位工作小組共同主席。他希望用科技協助人文發展，幫兩廳院重新打造 OPENTIX 售票平台，從原本的售票系統轉為串接藝文產業的文化平台。

陳佩君

微軟台灣人工智慧研發中心技術長，開發過「從地球到火星」都能使用的軟體。在台灣出生、成長，到美國取得博士學位後留在矽谷工作，二〇一八年返回台灣任職，二〇二二年加入微軟，帶領團隊探索充滿未知的ＡＩ世界。

陳宜秀

現任政治大學傳播學院數位內容學程專任副教授，並開設有「設計思考與人工智慧」課程。哥倫比亞大學社會心理學博士，曾服務於美國AT&T Labs（其中的貝爾實驗室）、Avaya和Verizon Wireless等公司，以及擔任ＨＴＣ西雅圖設計中心研究總監。

溫怡玲

現任人工智慧科技基金會執行長，職涯大半時間任職於媒體，包括電視、雜誌與網路媒體，分別擔任各種跨部門職務，以及相關科系講師。二〇一八年因緣巧合進入人工智慧科技基金會，負責台灣人工智慧學校的營運與品牌行銷，後來接任基金會執行長，持續以培育人才為核心，推動台灣產業ＡＩ化。

謝宗震

詠鋐智能創辦人兼執行長、清華大學統計博士、人工智慧專家，同時也是七歲男孩和一歲多女孩的爸爸。原本想走學術研究路線，但由於統計是應用科學，要解決現實世界的問題才有意義，因而決定和幾位志同道合的朋友在ＡＩ領域創業，近幾年連續獲得國內外重要新創企業獎項肯定。

簡立峰

台灣Google前董事總經理，在台大念博士時，就是研究人工智慧語言模型，長期在ＡＩ領域觀察最新科技發展趨勢。

教育界

李吉仁

現任誠致教育基金會董事長、台灣大學國際企業學系名譽教授，二〇二二年十二月初，在誠致教育與研華文教兩基金會共同贊助下，帶領全台灣最大公辦實驗教育聯盟ＫＩＳＴ學校的校長、主任和國教院研究員，以及大學教授共三十多人，到美國加州推動ＰＢＬ專題式學習最久、最全面的Hign Tech High（ＨＴＨ）學校取經，進行五天蹲點式深度學習，目標是帶回ＰＢＬ精髓，在台灣的中小學實踐，從而改變教育。

呂冠緯

均一平台教育基金會董事長暨執行長，不但長期提供台灣中小學生師優質數位學習平台資源，也致力於個人化學習師資培育，他形容ChatGPT問世對教育界的影響，相當於氣候變遷議題等級的挑戰，並非單一國家、組織可以解決，需要共識和協作。

林從一

華梵大學校長，為美國愛荷華大學哲學系博士，之前擔任成大副校長，來到華梵大學後，他致力於提升學生的學習意義感，並認為由於科技快速發展，孩子在高中之前學習科技固然重要，但更關鍵的核心是「活成真正的人」，對生命擁有敏銳的感知力，這些才是應對ＡＩ時代最豐厚的生命底蘊。

胡筱薇

東吳資料科學系專任副教授，是台灣知名的資料科學及人工智慧專家，不僅培養出許多相關領域人才，同時也擔任多家企業的諮詢顧問，協助科技製造業與零售餐飲業進行數位轉型。更重要的是，她也是三個孩子的媽媽，孩子目前分別是國小三年級、一年級及二歲半。

張淑玲

昶心蒙特梭利實驗教育機構負責人，是台灣早期投入實驗教育的先驅。關心教育創新與公共議題，期待實驗教育能夠成為國教創新的原型，加速公共教育創新，目前除了致力於蒙特梭利教育理念的推廣外，也投入 PBL 專題導向式學習法的推動。

曾俊夫（小黑老師）

原任新北市積穗國小老師，現任新北市海山國小老師，在二十六年的教學經歷中，將近二十年擔任資訊科技老師，也當過社會科老師、自然科老師和導師。由於本身有跨領域教學背景，他對於新事物充滿好奇，快要三十歲時才開始學寫程式，如今更積極推廣動手做的創客教育，熱愛用議題引導小學生學習各種新的科技工具，從實作中學習，進而感受到自己有解決真實世界問題的能力，並因此體會生而為人的價值和使命感。

蔡淇華

台中惠文高中教師兼圖書館主任，為多本暢銷書作家，不僅得過許多文學獎，也長年指導學生寫作。蔡淇華期待自己的文字可以是青春的降落傘，讓Z世代在全球化的風暴中，可以安全著陸在每個小小的理想王國。

蘇文鈺

成功大學資工系教授，在二〇一三年創辦 Program The World Association（中華民國愛自造者學習協會），與研究生從程式教學出發，自嘉義縣開始培力偏鄉老師及志工群教孩子寫程式。近年因程式教學已蓬勃發展，協會將資源投入人工智慧、機器人進階課程，以及特殊生的電腦課。希望每個孩子在未來都能找到屬於自己的意義。

前言

趨勢解讀：ＡＩ如何重塑教育？興趣可以當飯吃的時代來了！

文／陳雅慧（親子天下總編輯）

「不要怕，怕就輸了！」這幾乎是所有人工智慧專家給家長的第一句話。

「與其擔心孩子，先擔心自己吧！」

「呵護孩子的好奇心。」

這三句話，大概是我這幾年採訪數十位專家，還有研讀相關資料時，最常被提起、印象最深的三句箴言。

謝謝翻開書頁的你，謝謝你的不怕和好奇心。

人工智慧進展，對於現在和未來中小學階段教育，可能帶來哪些衝擊與影響？在本文中有完整的描繪，希望可以回答你大部分的疑惑；一些關於ＡＩ（Artificial Intelligence，人工智慧）的基礎問題，則整理在第五章〈常見疑難查索〉，用最淺白的介紹，為你回答那些想問但不好意思問的問題。第一章〈預測人才趨勢〉與第二章〈看見教育需求〉，採訪整理十餘位人工智慧領域的專家學者，挖掘他們從為人父母的角度，整理自己對於教育與教養的心得，這些觀念若能被更多人體會和接受，行動才能踏實展開。

第三章〈發現教育解方〉與第四章〈啟動ＰＢＬ實踐〉是行動指南，提出了教育改變的方向，說明為什麼從學習者出發，面對真實情境跨領域的「專題式學習」是教育的對策。以《親子天下》三月號雜誌封面故事報導為主，透過美國和台灣學校實踐的經驗，希望提供讀者一個教育改變的方向。

這本書的採訪和編輯過程其實橫跨了四年，第一波採訪開始於二〇一九年年底，那年一〇八新課綱才剛上路，人工智慧在產業界的應用大幅推進，財經媒體說這是第四次工業革命，電腦和網路將全面影響產業和社會，教育部出版中小學人工智慧補充教材，台北市也公開宣布在高中開始推展人工智慧相關課程。當時《親子天下》媒體中心三位記者花了一整個月的時間，採訪了三十多位產業界的專家學者，努力讀遍當時出版相關的新書，做了將近九十頁的封面故事報導，二〇二〇年一月號封面故事《教出ＡＩ時代的孩子》，解答父母最想問的一百個問題。那時，雖然大家感覺到這個議題很重要，但是中小學的家長和老師，好像覺得不用關心也不會怎麼樣，頂多是積極的家長和老師讓孩子更早接觸程式教育……。

直到二〇二二年底，隨著ChatGPT問世，讓ＡＩ的影響全面普及化，這一次再也不是只有相關產業擔心ＡＩ的影響力。「ChatGPT 出現，讓ＡＩ從大規模科學家運動變成了全民運動，人們只要上網，什麼都可以問，ＡＩ也什麼都可以答。」廣達電腦技術長暨副總經理張嘉淵指出關鍵。

這一次大人們開始感受到ＡＩ科技的發展，很真實的取代愈來愈多現存的工作，眼看這一波浪潮真的快要打在自己身上，大家都焦慮的問：「哪些工作不會被ＡＩ取代？哪些能力才是未來需要的能力？」

ChatGPT 中文全名是「聊天生成型預訓練變換模型」（Chat Generative Pre-trained Transformer，簡稱 ChatGPT），是由美國矽谷公司 OpenAI 所訓練的一個大型自然語言處理模型，它可以透過自然、口語的方式來進行對話。OpenAI 是一個人工智慧研究實驗室，由非營利組織 OpenAI Inc 和其營利組織子公司 OpenAI LP 所組成。

比 Google 讓人驚豔的是，ChatGPT 提供了更精準的服務。Google 只能將所有搜尋結果列出，使用者還得從廣大的資料中，自己找出正確和需要的答案；ChatGPT 卻能快速給出一個解答，無論是請它提供商品文案、寫一首歌、進行程式除錯等，都能在短短幾秒鐘做出來。

使用者透過自然語言就可以請電腦幫忙作業，譬如文獻研究、編譯、電腦繪圖、整理逐字稿……許多白領工作輕易的被取代；人工智慧內容生成技術可以通過知名大學考試，輕易取得律師證照。許多學校還不知道該如何應對，新的時代就已經來臨。

今年四月，大學招聯會還擬定「因應ＡＩ技術發展，大學辦理申請入學招生參考注意事項草案」，已正式發文給各大學，做為第二階段審查資料的參考。

這段期間，《親子天下》和《翻轉教育》針對「人工智慧發展將會如何影響教育」課題，持續關注最新的演變，並透過報導協助家長理解趨勢。此外，我們也舉辦了多場線上論壇。

本書為父母和老師梳理最新的發展，我們重新採訪十四位人工智慧產業、學術領域和教育科技界的意見領袖，他們一直站在產業與教育的前線，了解未來就業需要的能力，但同時也從父母的角度給大人務實的建議：面對改變太快的未來，有哪些不變的事情，可以從大人自己開始做？

綜整而言，在採訪與整理的過程中，我重複聽到了五個觀點，其中三個觀點是給大人自己的提醒，兩個觀點則是教育和教養的建議，在此筆記於下，期待閱讀本書的讀者可以一起思索，展開學習與改變的旅程。

給大人的提醒①

心態調整：先當個快樂的使用者

這是所有專家一致的呼籲。「未來的時代，ＡＩ和人是共存關係，ＡＩ會擴增而不是取代人的能力，ＡＩ是帶領人類走向未來的能力。」廣達電腦技術長暨副總經理張嘉淵說。張嘉淵形容自己的工作就是一直想未來要做什麼，但為什麼大家一直擔心人工智慧會取代人類的工作？「是不是因為我們現在的工作，其實並沒有發揮人類獨特的價值？」張嘉淵反問。

ＡＩ專家們都提醒，ＡＩ是新的工具，人類文明發展史上，都會遇到改變歷史的工具，大家一開始往往感到害怕，但若能善用工具，將促使人類文明走向新的里程碑。

李飛飛是ＡＩ人工智慧領域傳奇人物、史丹佛大學電腦科學系教授，也是「以人為本ＡＩ研究院」（ＨＡＩ，Human-Centered AI Institute）共同主持人。二〇二三年四月，她在一場與作家龍應台對談的「ＡＩ與人文素養的對話」論壇中回答聽眾：「人類文明史上，每一次工具的發明都會帶來恐懼。恐懼點一直發生，它不是一個點，是Ｎ個點。」李飛飛舉例，當原始人發現火的功用，能吃到熟肉有多麼開心；但肯定也因為用火，造成不少對人類的傷害，「每一次工具的發明，既是推動社會前進，又會造成傷害。」她說。

東吳大學資料科學系專任副教授胡筱薇，是台灣知名的資料科學及人工智慧專家，培養出許多資料科學與人工智慧人才，她也是三個小孩的媽媽。胡筱薇分享，有一次女兒放學回家對她說：「老師今天告訴我們，ＡＩ很恐怖。」

「為什麼很恐怖？」

「老師說，我們什麼都問ＡＩ，讓它給我們答案，以後就會被ＡＩ控制。」

胡筱薇很好奇：「那你覺得蠟筆很恐怖嗎？」

「很恐怖！」

「怎麼說？」

「如果蠟筆在弟弟手上，那就很恐怖了，他會搞砸一切！」

胡筱薇認為孩子說得很有道理，如果工具在不會使用的人手上，就算是看起來沒什麼危險性的蠟筆，落到兩歲半小孩的手上，仍然破壞力十足。所以，對家長來說，要做的不是禁止使用新工具，而是協助孩子嘗試各種新工具，並培養正確的使用習慣和認知。

面對這樣強大的科技，與其焦慮並擔心小孩，大人應該先擔心自己。

台灣 Google 前董事總經理簡立峰給大人的建議是，先用「快樂使用者」的心態去了解新科技。比方說今日的數位相機，用盡目前最新的ＡＩ科技，像是各種形式的美肌功能，或是把ＡＲ、ＶＲ套入成為照片的各種情境，這些其實就是ＡＩ生成工具，跟我們今天講的 MidJourney（ChatGPT 常搭配的ＡＩ自動生成圖片服務），或者 DALL-E（OpenAI 發表，可以透過文本描述生成圖像的人工智慧程式），都是同一個概念。兩、三年前這些技術就出現了，可是大家並沒有被嚇到。

為什麼？因為大家沒有覺得它威脅到自己的工作，而且還幫助生活變得更愉快。像我們現在可以視訊、連網，因為已經接受那些都是電腦工具，就像在使用數位相機拍照時，只要「我傻瓜它聰明」就好了。它不是在取代我們，而是讓我們的生產力提高。

給大人的提醒②

以身作則，示範當海盜出海的勇氣

簡立峰還觀察到，台灣教育裡最缺乏就是冒險的勇氣，父母最常說「不要、不要、不要」，擔心孩子犯錯。但家長自己必須先不怕，才能跟孩子一起面對未來。矽谷有句名言：「Fail early, learn fast.」（早點失敗，快點學會），失敗其實是往成功邁進的路。

至於要具備什麼心態？或許如世界名著《金銀島》中所描述，要從小培養孩子的「海盜精神」，這是一種隨時做好準備，勇於跳上船探索未知、尋找人生寶藏的勇氣。當然，家長最好能夠以身作則，例如在段考前一天帶著孩子離開書桌，一起去打棒球。因為做一點「壞事」並不會影響什麼，卻能讓孩子知道，小小的冒險反而會發現另外一片天地。

希望閱讀這本書，可以給所有大人一點點勇氣，陪伴孩子和自己冒險。

給大人的提醒③

八十分才及格的時代來了，跨領域的「π」型人才是出路

ChatGPT 出現後才短短幾個月，已經影響內容產業相關的工作樣態，目前大學以下的學生在未來進入職場時，工作內容和方法全都會受到影響，甚至出現人才斷層效應，基層的許多工作可能會消失。以目前來看，基礎的翻譯、會議記錄、論文文獻研究和摘要等，都可以輕易讓 ChatGPT 取代。

專業仍舊重要，專業可以檢視人工智慧生成的內容是否正確，還可以下精確的指令。所以大家形容未來是一個「八十分才及格」的時代，若你生產的內容無法超越人工智慧，那就會被人工智慧取代。因此需發展出「跨界的能力」，可以連結不同的專業，激發出創意，發想出 AI 還沒有想到的內容，才有機會及格。

簡立峰在親子天下的線上論壇中分享，Google 在台灣曾經雇用兩、三名工程師，但從來沒有成功雇用過一位產品經理，產品經理的能力是跨領域，每一個知識都要能懂，又要可以整合。

未來專業部分要做到超越及格的八十分才能勝出，未來最需要的就是跨領域能力，也就是「π」型人才，有兩個專長做為支柱，還有橫向連結的能力。

教育和教養建議①

呵護好奇心最重要

大人總想為孩子多做些什麼，可以的話，未雨綢繆總可以多一份安心。我印象很深刻，二〇一九年採訪已故人工智慧學校執行長陳昇瑋時，這位大力推動台灣人工智慧人才培育的專家，在接受採訪的最後呼籲：「我覺得《親子天下》最大的責任，就是要讓小孩保有好奇心，因為當你停止好奇，社會就不會進步了！」陳昇瑋強調：「我每次面試時一定會問對方：『有沒有問題？』因為一個在面試時沒有問題的人，未來在工作上一定也問不出問題，所以一定不會錄用這樣的人。要分析資料，一定要自己找問題。我希望未來的小孩，不管看到什麼樣的陌生人，都可以問出十個問題。」

面對強大的ＡＩ工具，有好奇心才會知道如何用它來協助自己。父母可以和孩子對話，在生活中不斷提問「為什麼」和「為什麼不」。

生成內容的聊天機器人，也等待對話者的提問，什麼問題都難不倒ＡＩ，但如果不問問題，就失去學習的機會。

父母和老師若能從耐心聆聽開始，就是給孩子涵養好奇心最好的舞台，小小孩多半有問不完的「為什麼」，而常常在國中階段停止發問。如果大人多一點耐心回答，多一點聆聽，或許可以把這樣的好奇延長。

教育和教養建議②

不要揠苗助長，讓孩子活出熱情，活成一個人

ＡＩ科技進步得太快，多數接受訪問的專家，都不急著推薦高中以下的孩子，學習ＡＩ技術或特定的程式語言，因為很可能到了畢業的時候，技術早已更新。就算ＡＩ能畫圖、能打遊戲破關，但小學前的孩子是透過動手做摸索真實世界，感受生命的溫度，太早強迫小孩運用ＡＩ工具，剝奪動手做的樂趣，可能會打壞學習的胃口。華梵大學校長林從一甚至建議：「ChatGPT的確讓我們必須重新思考教育，但不必過度憂心，不要被ＡＩ和關於ＡＩ的危言聳聽，扭曲或耽誤了孩子的成長。在憂慮什麼能力不會被ＡＩ取代之前，先讓孩子好好活成一個人吧！」

有沒有ＡＩ，有沒有ChatGPT，孩子還是要先學做人，大學前先長成一個身心健全的人。所以，不用急著考量ＡＩ帶來什麼樣的職場變化，先不要憂慮後ChatGPT時代需要的核心能力是什麼。

《教學的勇氣》（*The Courage to Teach*）一書作者帕克．巴默爾（Parker J. Palmer）曾說：「最好的教育，在於召喚我們進行內在的旅程，不僅讓我們過更好的人生，

並且對周遭世界產生更大且賦予生命的影響。」誠致教育基金會董事長李吉仁表示，這是他推動ＰＢＬ（Project Based Learning，專題式學習）最大的盼望。

ＡＩ來了，像個超級助理，取代了很多工作，省下我們很多時間。剩下的時間，更要做自己喜歡的事情、做自己幫自己出的功課！只有好奇心和熱情，可以幫自己出作業，或許興趣可以當飯吃的時代，也真的來了。

目錄

Part. 2 看見。教育需求

因應AI時代的教與學

Part. 3 發現。教育解方

用專題式學習迎接AI

Part. 4 啟動。PBL實踐

專題式學習案例分享

Part. 5

常見。疑難查索

那些，問出來擔心有點笨的問題，一次解答

AI名詞小字典

AI時代教養指南

Part. 1

預測人才趨勢

孩子未來需要的競爭力

未來能力1

培育具備多元能力的「π」型人才

口述／簡立峰 採訪整理／賓靜蓀、陳雅慧

台灣 Google 前董事總經理簡立峰，長期在 AI 領域觀察最新科技發展趨勢，他預測未來只有三到五%的人需要在專業上深度學習，成為領域內頂尖的人才。中間大部分人反而要廣度學習，成為T型或π型人才，他建議親師在教養和教育上，有五個觀念需要重新建立。

ChatGPT 問世，讓我們走入「電腦說人話」的階段。

這是 ChatGPT 最讓人驚豔也最關鍵的發展。過去的「分析式 AI」，是使用者把大量訊息給它，AI 告訴你一個歸納。現在的「生成式 AI」則反過來，使用者下一堆指令，它產生內容給你，例如幫忙寫信、把一堆資料做摘要、搜尋回答你的問題……做很多傳統白領階級專屬內容生產的工作。

過去發明的自動化工具，讓藍領階級生產力提高，現在 ChatGPT 則讓白領階級的生產力提高。我們都看到它厲害的地方，但產出的內容看似非常有邏輯，卻不一定正確，如果你不是相關領域專業，要求不高，比如說你的英文不是很好，希望它幫忙寫一封信再翻成英文，那麼絕大多數 AI 生成的內容，已能滿足大部分人的需求。

以上是 AI 生成科技「能」的地方，但 AI 生成科技「不能」的地方，我們也需要了解。譬如你不可能問它：「我現在要去高雄，請問要搭幾點高鐵？」因為它是用舊資料去生成內容，如果是最新的內容、網路上還沒有人問過的問題，它就不可能回答。還有，它雖然有問必答，但也會一本正經的胡說八道，所以更需要有基本的專業，判斷其生成內容的真實性。

知道 AI 生成科技的能與不能，才可能善用它。面對這樣強大的科技，比起焦慮或擔心小孩，大人應該先擔心自己，並用「快樂使用者」的心態去了解。

數位相機早就是「它聰明我傻瓜」了，因為它用盡現在人類所有的ＡＩ科技。比如說各種形式的美肌相機，或是把ＡＲ、ＶＲ套進去的相機，能把相片變成各種情境，這些其實就是ＡＩ生成工具，能生成讓你滿意的照片，這跟我們今天講的 Midjourney 或 DALL-E 等ＡＩ生成圖像，其實是同一個概念。兩、三年前技術就出現了，可是大家沒有被嚇到。為什麼?因為沒有覺得它威脅到自己的工作，而且還幫助生活更愉快，像我們現在可以視訊、連網，因為已經接受那些都是電腦工具，就像使用數位相機拍照一樣。它不是在取代我們，而是讓我們的生產力提高。

有人擔心工作會被取代、某個行業會消失。其實醫生、律師、工程師這一類專業不會消失，但是他們工作上可利用的工具會愈來愈發達。某個行業的從業人員角色必須調整，人數可能會減少。翻譯社就是最明顯的例子，翻譯社現在的員工，可能被要求善用ＡＩ翻譯工具，要有能力編輯改寫ＡＩ翻譯後的結果，這樣的翻譯人員機會比以前更好，因為他的生產力提高，可在有限時間內產出更多內容，可是翻譯社的人數會減少一些。同樣情況也會發生在工程師、律師、醫生這些職業。但因為出現這些自動化跟智慧化的工具，少子化衝擊又沒那麼嚴重了。

從工業革命、資訊革命到網路革命，直到今天都一樣，我們不斷覺得有些東西不見了，好比森林裡頭有一些樹倒下來了，可是你明年就不記得哪一棵樹倒下來，畢竟森林還是那樣的茂密，因為這棵樹倒下來，就有其他樹會茁壯長大。

我建議家長先當一個快樂使用者，在使用ＡＩ的過程中感受那份便利，感染孩子也當一個快樂使用者，未來就會銜接得很好。我們下一代孩子可能會非常習慣這種工具，任何事情都不必親自動手，只要命令電腦處理就好。

電腦說人話的時代，八十分才算及格

這種生成型ＡＩ工具對未來最重要的改變是，讓我們重新思考：「深度跟廣度學習哪個比較重要？」如果把能力分成零到一、一到十、十到一百的概念，就形成一個金字塔。過去，也許金字塔頂端一〇%的人，需要非常深度的學習，才能掌握某個專業（比如說畫畫或寫作）。那現在很可能只有三到五%的人需要深度學習，中間一大部分人反而要更廣的學習，成為一個T型或π型人才，也就是有一個橫向跨域連結的能力，就像T和π上面的橫線；縱深至少有一個以上的專業，就像

T和π符號下面的一隻或兩隻腳，能力要更多元。

過去白領階級的工作分工很細，比如產製一個影片，有人負責拍攝、有人寫腳本、有人編輯、有人上字幕。但到了今日，就像現在的 YouTuber 一樣，全部都得自己來，許多部分都有內容生成工具可以幫忙，一個人就把導演、剪接、上字幕、翻譯、演員全包了，這時需要的能力更廣，但有一部分深度則會被電腦替代。

如果你想要非常專注於一個領域，比方說想成為畫家或攝影師，也要懂得使用這些工具。iPhone 拍照已經拍得夠好了，能達到八十、九十分，可是若想臻至九十到一百分天花板的位置，你還是要從攝影、美學等理論學起，但是這樣的人，比例上會比以前時代少很多。

大家常問：「工作機會是否會減少？」其實剛好相反，我們用數位相機的例子來看就很明顯，數位相機讓很多人變得更開心，整天在打卡；攝影的門檻下降，拍出的相片有很多元的應用，可以傳給別人、做成賀卡等。學攝影的人變多了，可是很厲害的攝影師減少了，也就是說，成為金字塔頂端的難度變高了，但是底層的人從使用者角度，只要透過科技，成果就可以提高到六十、七十分。未來的時代要小心，八十分才算及格，也就是說你的作業一定要贏過 ChatGPT，如果程度跟它一樣，還是算不及格。

面對 ChatGPT，教育可能會面臨滿大的改變，不過校園裡的教育改變，會比職場來得慢，因為教育系統比較嚴謹，建構時間也比較久，可是家長對孩子的教育改變會比較快。

AI世代為何而學？重建五個觀念迎接ChatGPT

觀念1 「想學」比專業知識更重要

我們以前的學習過度強調國文、英文、數學等專業課程，可是到了職場，老闆、長官重視的是軟實力，譬如一個人會不會自主學習、能不能持續有動機、有沒有找到學習方法……才是最重要的事。今天的知識取得容易，所以我們學習的動機要比以前更強烈，因為釣魚竿到處都有，很容易就學得到。如果不學、沒有動機學，那就麻煩了。

觀念2 一直等待被教、不問問題，會喪失學習機會

我們整個教育最重要的部分，是建構孩子學習的欲望，這是所有一切的重心。我在帶聰明的工程師時，最重要的不是教他怎麼寫程式（他比我還厲害），而是讓他知道，如果把程式寫得很好，可以對這世界有什麼貢獻，以此呵護他的動機。

想維持學習的動機，會「問問題」很重要。二〇二三年三月初，台灣舉辦棒球經典賽，國外嘉賓來台灣開球，在帶一群小朋友練球的過程中，他觀察到：「台灣的孩子都太乖了，都不問問題，但如果不問問題，就會喪失學習的機會。」棒球最重要的是投球跟用手套接球，運動過程不用開口，但當有機會跟知名球員學習時，我們的孩子仍是「被教」的狀態，沒有打算主動學習，也就是「問問題」。

觀念3 學而能用，比精熟標準答案更關鍵

知識的學習，不用過度強調科別，所有學習都是為了累積能力解決問題。我們要幫孩子創造一個學而能用的環境，「用」的感覺非常重要。

今天一個三歲小孩子，你給他一台手機，他按下去之後，馬上看到自己拍的照片，然後讓他知道可以送給阿公、阿嬤，這樣一來，他得到回饋，之後你其實就不用再去教他怎麼使用相機了。

ChatGPT 來自一個叫 OpenAI 的組織，AI 的成功來自 open（開放、公開），ChatGPT 現在正在挑戰極權國家，什麼叫極權國家？就是發展的東西不開放，這樣就很難進步。另外，有些問題不能問，同樣不會進步；有些問題有標準答案，不允許不一樣的答案，那也不會進步。所以 OpenAI 正在挑戰全世界很多過度控制的組織跟環境。

教育現場也是一樣，在未來，標準答案重要嗎？顯然不重要，因為電腦會告訴你答案。

重點是，你問的問題是什麼。

觀念4 學習是過程，而不只是在終點給分數

我們以前過度強調凡事有標準答案，卻沒有注重學習過程的能力培養，這讓孩子以為，只要答案百分之百跟老師一樣，就是能力提升了。但真實情況不是這樣。有很多在學校考一百分的小孩，沒辦法面對社會的挑戰，甚至不會打理自己的生活。有更多孩子離開學校後就不再學習。

但學習是一件孩子從零歲就開始在做的事。我們在職場裡頭叫「從做中學」，也就是把知識用出來。有用，你的學習動機會強烈；在用的過程，就會產生學習的目的。

以前教育的學習目的，過度強調分數，而不是學到能力。在孩子學習的過程沒給他分數，只有在最後交回答案卷時，才給他分數，這很可怕。我在職場訓練的過程中發現，學習過程的分數最重要，因為看到一個孩子從無到有的歷程。一個能力很差的孩子，某天突破了自己的天花板，你要給他很高的分數；一個本來九十分的孩子，認為自己八十九分太低，這大概就是被分數綁死的迷思。

我們教育評量的是考試結果，而不是學習過程，因為過程很難評量，又希望有公平性，所以就把它簡化，簡化到後來，ChatGPT 很可能在挑戰我們現在的教育方式。但這份挑戰對家長而言還好，家長只需要想，自己怎麼從 ChatGPT 學習，然後教給孩子，這比談論教育現場怎麼改變更重要。

今天孩子年齡愈小的家長愈幸運，你有比較多的時間帶孩子到所謂「AI 的 iPhone 時刻」。與此相對的是，我們這些在職場上多年的工作者，可謂「AI 時代的移民」，我們在移民過程要怎麼生存下來，那是另一個重要課題。

觀念5 教室外動手做的學習更重要

AI 時代學習的知識要能會應用，學習已經打破教室、學校的場域。很多人問，老師很依賴的教科書會消失嗎？其實每一件事情都不會消失，而可能是在比例上產生改變。例如我們以前閱讀紙本，現在常用數位工具，但紙本仍然存在，是傳播與學習的媒介，因為它還是有很多不可替代性。可是對於三、四歲的小孩來說，這張紙按下去不會動，跟會動的螢幕相比，那個互動性就沒有了。所以我們的教育現場就是留下紙本來傳達某些資訊，但也提供平板電腦去增加互動性，所以教科書的占比與地位，會有一部分愈來愈限縮。

教科書以外的場景練習，或我們說的動手做、實作練習會愈來愈重要。未來的教育裡，比起傳統白板、黑板式的講述，不如用影音的方式去感受。影音是五感的學習，不是文字式的學習，而未來影音方式將愈來愈強調實體的操作。在這個過程中，教科書的角色慢慢改變，目前我們所稱的「教科書」，概念有點像是教育訂定的標準，但未來應該都是叫做「指引」（guidance），它不是全貌，只是給原則，每一個學校教的方法不同，孩子的學習來源也不同，但有一個基本評量測驗的概念在裡頭。

所以你大概可以猜想，教科書有一天會變成參考書，這就告訴我們，知識不是只有這些而已。當我們把教科書看得太重要時，將導致嚴重的後果，我們可能會認為：「我讀完這個就不用再學了！」孩子會說：「我讀完了！」不行，沒有這回事。

「專案式學習」愈來愈重要

大概二十年前，我的孩子在美國加州參加夏令營，那時候他六、七歲，他們先叫孩子用電腦編報紙，也就是去採訪、攝影，完成一篇報導。我還記得當時王建民很出名，孩子就報導王建民來自台灣，還把它做成影音，這樣的教育方式即使到今天還是存在，今日家長更可以運用ＡＩ生成工具，和孩子一起做這樣的專案，你可以說這是一個 project-based（專案式），比較強調過程的整合運用，以及跟大家的協同。

協同這件事情在職場愈來愈重要，其英文叫「collaboration」，但還要加上一個「integration」（整合），也就是要整合不同能力的人，一起完成一件事情，因此「專案式」這個概念在職場也愈來愈被強調。

唯一要小心的是，專案要有專才，若孩子先有專案，而沒有一點小小的技能，他在專案過程中會很挫折。假設校園要做一場報導，五個小朋友要一起完成這個專案，結果五個孩子都要做專案經理，沒有人會寫報導、沒有人會拍攝，這也是矯枉過正。所以在專案學習的過程裡頭，還是要強調每一個小技能，學習後再去組合。若沒有一點基礎能力，把一群小孩擺在一起，他們是玩不起來的。

老師需要搭建鷹架並在旁邊指導。現在老師要看的面向比以前寬很多，就是照顧一群小孩的概念，每個都要照看，專案學習的過程是大家互相合作完成，每一個人在過程中的變化比較重要，所以老師在教育現場的引導方式也不一樣。

（本文出處：翻轉教育專欄）

未來能力2

培養「海盜精神」，隨時準備好探索未知

口述／張嘉淵　採訪整理／溫怡玲

廣達電腦技術長暨副總經理張嘉淵認為，在AI時代，我們更要發揮人類的獨特價值，用探險的心態，來面對變化與未知，海盜的冒險精神是未來人才必備態度。

我的主要工作就是一直在想未來要做什麼，但為什麼大家一直擔心人工智慧會取代人類的工作？是不是因為我們現在的工作，其實並沒有發揮人類獨特的價值？科技是帶我們到未來的工具，但未來需要人類去想像、創造。這波的人工智慧，簡單而言，就是讓電腦透過數學模型模仿人的腦神經模式運算，再加上大量資

料，輔以高速計算設備，讓電腦可以做出決策，因此對人類社會產生極大衝擊。當ＡＩ成為基本技能後，社會將再產生巨大的典範轉移。這波ChatGPT的出現，似乎就是一個真正的翻轉。

未來，問問題是重要能力，要「問學」才有「學問」

過去雖然大家知道ＡＩ能力很強，但好像只跟科學家或少數技術高超的人相關，而ChatGPT的出現，讓ＡＩ從大規模科學家運動變成了全民運動，大家只要上網，什麼都可以問，ＡＩ也什麼都可以答。

過去我們東方文化的觀念是「師者傳道、授業、解惑」，但其實大部分都是老師講，學生不太提問。而ChatGPT的出現，使得問問題成為重要的能力，我們常說的「學問」變成了「問學」，這是真正的翻轉。

未來的時代，ＡＩ和人是共存關係，會擴增而不是取代人的能力，所以，如果下一代不會使用這個工具，就有可能落後於社會。那麼，如何使用才正確？這是現在老師、學校與家庭重要的功課。

問題其實沒有好壞，孩子們需要學習問對的問題，這其中包括把內心想問的問題定義出來、有能力確定答案的正確與否。而後面這個能力，就是具有完善知識的老師可以幫忙之處。

我的孩子用 ChatGPT，我自己也用，甚至有次出去演講的內容，從頭到尾都由 ChatGPT 幫忙寫出來，它提供架構與內容，我一步一步提問，並負責確定是否完整正確。因為 ChatGPT 是新的演算法，只是提供資料庫中機率最高的答案，並沒有辦法保證答案是正確的。它給出來的答案對不對、夠不夠好？最終還是要由人來評估判斷。

有很多資料科學家把資料視為顏料，要畫什麼樣的內容、採取哪種風格？如果有用 AI 作畫的經驗就知道，必須由人下指令，最後進行評估。人的認同仍然是不可或缺的關鍵。只是透過 AI 這個新工具，形成新的風格。

所以，為什麼人還需要學習知識跟畫畫？因為我們必須有評估能力。

而且就算 ChatGPT 給出錯誤的答案，也不妨思考看看，錯誤背後的思考方向是什麼？think out of the box（跳脫框架的想法）是一種創新的可能性，而且是傳統教育中通常不會存在的答案，可以刺激我們思考：「為什麼有人會那麼想？」「為什麼和我原本的預期有這麼大的偏差？」這當中仍然有邏輯存在。

面對愈來愈複雜的未來時，這種能力也是必須的，可以用來審視自己的思考是否有不足之處，其實這也是人跟 AI 對話能夠產生的好處。有時甚至會覺得，

ChatGPT 所給的答案很像禪宗的公案，看起來跟我的問題一點關係都沒有，反而能夠帶來新的啟發。

問得與眾不同，帶出新觀點

這一波 AI 發展的確會對傳統教育造成挑戰，未來以 ChatGPT 為基礎，還會再發展很多工具出來，但工具的改變在人類歷史上是常態，就像算盤是最早期的計算機，以前小孩上學時都要學，但現在應該不會再有人隨身帶著算盤了。同樣的道理，進入 AI 時代，我們要學習的是善用新工具，把大腦從背誦標準答案的框架中釋放出來，做更有價值的事情。

問的問題與眾不同，所以得到與眾不同的結果；再經過你的思考與修正之後，得出獨特的觀點，這就是有價值的事情。

對於產業界來說，人才開發一直是重要議題，也需要很長的時間來培養，並不是有新技術就找新人才來，而是應該幫現有人才培養、轉換新能力。例如 ChatGPT 這類大型基礎模型，必須看成是另外一種通用語言（common language），大家必須理解在這樣的平台上面能夠做什麼、不該做什麼，了解背後的運作機制，知道如何保護自己的智慧，才能夠善用像是武俠小說中北冥神功這麼強大的模型。

每樣工作都有很多流程，人類可以拆解成好幾個小部分給ＡＩ做，再確定每段問題的答案是正確的。所以要有拆解問題的能力，也要知道什麼是正確答案。該怎麼引導孩子擁有這些能力呢？

孩子小的時候，我們會聊很多事情，像是螞蟻為什麼總是一隻跟著一隻繞遠路？因為螞蟻的視角是ＸＹ平面，只能跟著前面屁股走，而我們多了一個高度Ｚ，可以分辨路徑的優劣。還有，老子、莊子讀的書一定沒有我們現代人多，否則秦始皇焚得掉所有書嗎？但為什麼我們讀這麼多書還是沒有古人聰明？類似這些問題都很有意思。

AI帶我們到未來，但未來仍需人類創造

面對來勢洶洶的ＡＩ，我們更應該用不同以往的方式，培養孩子的專業能力與心態。

我的家裡擺滿各種書，客廳書櫃的長度加總就有二十幾公尺；我也帶著孩子一起看華格納的《尼貝龍根的指環》，用四個晚上聽完將近十六個小時的經典歌劇。

聽完之後，再請當時讀國中三年級的孩子統計整齣劇中有多少人、分屬哪些族群、武器數量……這是最基本的統計分析。用科學方法先看出結構，接下來再試著在四十分鐘內說出完整的故事，這整個流程其實就是大數據研究，專業能力也就在過程中逐步累積。

至於要具備什麼心態？或許就像世界名著《金銀島》中所描述，要從小培養孩子的「海盜精神」，這是一種隨時做好準備，勇於跳上船探索未知、尋找人生寶藏的勇氣。當然，家長最好能夠以身作則，例如在段考前一天帶著孩子離開書桌，一起打棒球。因為做一點「壞事」並不會影響什麼，卻讓小孩知道，小小的冒險反而會發現另外一片天地。

與其擔心ＡＩ會取代人類的工作，不如擁抱ＡＩ的精神，未來成功的定義和模式都會被改變，必須保持勇於冒險、創新的心態，不要一面倒的只訓練數位能力與工程師，而是要讓孩子知道，如何以ＡＩ為工具來活化知識，創造更多應用與服務，我認為這就是ＡＩ素養。

科技不是未來，科技是帶你去未來的工具，ＡＩ時代所需要的人才，必須有看見未來的能力、強大執行力及整合能力。如果具備這樣的能力，ＡＩ發展得愈好，人的價值也會愈高。

未來能力3

擁抱成長性思維，學習定義未知問題

微軟台灣人工智慧研發中心技術長陳佩君，
身為母親，同樣在意如何培養孩子面對未來的態度與能力，
面對未來最重要的是不斷學習、重新定義和持續創新。

口述／陳佩君　採訪整理／溫怡玲

我在清華大學取得電機碩士學位之後，到美國人工智慧學術研究重鎮，在卡內基美隆大學攻讀電腦視覺博士。畢業後進入NVIDIA（輝達）擔任第一個視訊處理器的架構師。後來被挖角到英特爾，在創業兩次之後，公司被併購，於二〇一八年返回台灣任職。

我一直在矽谷尖端的科技研發領域工作。在英特爾時研發出電腦視覺的開源軟

體OpenCV，只要計算影片和照片就會用到。不只用於電腦，也包括有計算能力的相機、手機、大超級電腦、自駕車、醫學影像軟硬體，以及火星探測車如「機會號」（Opportunity）、「好奇號」（Curiosity）等。

從小我就想成為科學家，但後來發現，博士寫的學術論文，不知道有誰真的會看。所以決定進入產業，不僅能接觸到人，還能推動改變世界，這工作相當有趣。也因為在工作上不斷探索未知，身為母親，我同樣在意如何培養孩子面對未來的態度與能力。

運用AI需要哪些基本能力

當時會選擇回台灣接下新工作，最重要的原因是希望在這個生命階段，能回到故鄉陪伴媽媽，讓女兒上當地小學，因為對我而言，人生中最重要的就是家庭。而陪伴孩子做功課、講故事、一起閱讀，或者到外面跑跳、游泳、爬山，都是我的日常。特別在AI時代，讓孩子保有好奇心、創意與良好的溝通能力，更是重要。

以前填鴨式的教育在未來是沒有用的，比起反覆練習，我更重視引導孩子的思考。例如從孩子小時候開始，我每天陪她閱讀，讀完以後就會問，剛剛故事講了什麼？有哪些細節？從分析和觀察的能力開始，一步步思考故事脈絡和相關性。

我也帶女兒學習程式語言，在她學齡前就從「不插電」的遊戲開始。例如在群眾募資平台上買到有馬達的木頭玩具，有簡單圖版可以放在地板上，或是自己用封箱膠帶在地板上畫出地圖和關卡，讓孩子認識程式語言的邏輯和指令，熟悉程式語言的遊戲規則，不知不覺理解程式設計的本質。

程式就是一種思考與溝通的方式，ＡＩ當然是一種令人驚豔的強大工具，但無法取代人的價值與本質。只有人才有辦法定義問題，進而使用工具來解決問題，所以孩子還是要有基本能力，例如邏輯思考、整理解讀資訊等，都有其必要。ChatGPT這類的ＡＩ工具，只是讓我們更容易經由不同的方式學習並整合能力，不但不會讓人類從此放棄基本能力，更能為人類賦能！

想想看，從馬車發明之後，到現在有汽車、飛機，人難道就不跑步了嗎？我們不還是很喜歡跑馬拉松？

不久前，我女兒班上要準備一個品德教育演講，小朋友兩個人一組。他們就打了關鍵字跟想說的大概故事情節，請ChatGTP幫忙修正。接著再把這個故事丟給ＡＩ繪圖工具，於是有了漂亮的圖。我在旁邊觀察，發現孩子只要勇於嘗試，使用這些工具都非常自然流暢，而且過程中仍然在學習及發揮創意。

擁抱成長性思維

定義未知的問題，也是我工作的常態與挑戰。因為再厲害的藥，若沒有對症（問題）下藥（ＡＩ演算法），病還是不會好。我的前一家公司是科技製造業，如果有一批商品的良率太低（如同人生病了一樣），就可以用ＡＩ分析究竟問題在哪裡？一步步抽絲剝繭，可能是原物料或是製程有問題，可能是機器、人或環境出了錯，甚至可能是設計上造成的限制。透過來回討論和試驗把問題找出來，就像醫生找病因、偵探找兇手一樣。

近年來，隨著人工智慧技術的突破，以及各項破壞式創新遍地開花，我們的生活、工作方式和企業營運等層面都產生了改變。這些變革不僅重塑了我們的世界觀；為了適應這個不斷變化的世界，我們必須擁抱成長性思維（Growth Mindset）模式，這種模式不僅讓我們能夠靈活調整解決方案，還會不斷學習、重新定義和持續創新。

舉例來說，微軟已經從過去的「know it all」轉變為現在的「learn it all」，因為在快速變化的科技領域中，持續學習、進步和創新是不可或缺的。我們必須以開放的心態接受新知識和觀點，鼓勵員工不斷追求個人和專業成長。如此，人們才能夠更靈活的適應不斷變化的環境，並且推動創新，為客戶提供更好的解決方案。

而在企業裡，從研發人員、資料工程師到行銷、業務、售後服務等，都需要跨領域與多元文化的背景，像我們的團隊就有讀歷史、哲學、法律的成員。這不僅跳脫以往的刻板印象，也意味著從人才、能力甚至到企業決策、營運都會改變，面對未來的世界，定義問題會比解決問題困難很多。

問題必須由人來定義，解題可以請電腦幫忙。妥當運用ＡＩ工具，能增強和放大人們的潛能，減少花費在重複性任務上的時間與精力，專注於創新。ＡＩ取代不了的是人的熱情、溫度、好奇心，以及和其他人共同合作、一點一滴了解與創造未來世界的能力。這是人最獨特的價值。

未來能力4

以知識做為燃料，激發不受限的創造力

口／陳宜秀　採訪整理／溫怡玲

政治大學傳播學院數位內容學程專任副教授陳宜秀，在校開設「設計思考與人工智慧」課程，在教學過程中他觀察到，如何應用科技來解決問題，有兩個重要的關鍵能力。

從二〇一八年上學期開始，我和政治大學應用數學系副教授兼學務長蔡炎龍老師，開始一項教學實驗，合作開設「設計思考與人工智慧」這門課。因為我們觀察了許多人工智慧的課程和專案，有個共同感覺：雖然媒體有不少導入人工智慧「神蹟」的報導，但身邊運用這個科技來解決問題的專案，成功比例似乎並不高。

從學校老師角度來看，許多人工智慧課程會提供學生已經整理好的資料，然後只著重模型的建立和模型表現的改善，最後以模型的預測效果做為目標。學生就算學會解決老師所給的問題、也學會了訓練模型，但仍然沒能力自己發想一個有意義的問題。不過，「提出有意義的問題」卻是業界最急切需要的能力，特別是ChatGPT出現之後，大家可能有更深刻的感受。

所以，如何從源頭了解問題的結構和資料處理方式，似乎才是運用人工智慧的基礎。應該如何著手？設計思考是一個合適的切入方法。

應用AI技術第一步：問一個好問題

很多人常以為設計只是用來製作好用或好看的東西，其實不然。設計思考所談的，並不限於美國史丹佛大學的設計學院（d.school）提出、由五個步驟進行的「設計思考」[1]，還著重在問題的建構、尋求多重選擇而非唯一正解，以及如何運用原型進行模擬，進而獲取知識。

翻開人類社會發展的歷史，每一種科技的產生，都是人類透過設計來改變環

1 同理（empathize）、定義（define）、發想（ideate）、原型（prototype）、測試（test）。

境，或者加強面對環境變化能力的軌跡。從石器、青銅器、貨幣乃至於現代的汽車、飛機、電腦和醫療設備，都是有形的人造物；同時還有無形的人造物，像是政治制度、商業規則、法律條文……有哪一樣不是設計出來的呢？

而我們透過這堂課觀察到的第一個現象是，「怎麼問一個好問題」看似容易，其實不然。有很多善於觀察及思考現象的同學，沒辦法將看到的現象轉換成AI能夠處理的數據。

例如大家都能想到「用過去的消費紀錄來預測未來的消費行為」，但「消費紀錄」指的是什麼？是半年、一年？還是有史以來的所有紀錄？是每一筆消費額、平均每次消費額、消費次數？還是每月消費額？看似瑣碎的問題，如果無法清楚界定，就沒辦法成為AI的訓練資料。

所以，在擁有AI如此強大的工具之後，除了去了解AI的能與不能之外，未來人才需要的關鍵能力之一，是要能將現象轉化為資料科學可處理的數據。我們不見得要成為AI工程師或資料科學家，但擁有這種能力，是不同領域人才能夠善用AI的基礎。

應用AI技術第二步：破框的想像力

其次則是想像力。我在課堂上做過一個實驗：將政大所有科系名稱放進一個箱子，請同學抽出兩張來假設做為雙主修，然後想像從這兩個科系畢業後能夠做什麼，結果發現大部分的學生沒辦法想像。例如有學生抽到「風險管理」和「斯拉夫語言學系」，完全說不出以後能用這兩種專業結合出什麼工作。其實只要觀察俄烏戰爭，加上一點想像力與創造力，就可以聯想出很多未來工作的可能。

在台灣，無論教育程度高低，都很難想像「非常愛狗的醫生成為兒童文學作家」這樣的事情，因為這種工作無法套進既有的學歷或工作框架中。而創造力的培養不只是用想的，還需要有知識做為燃料，加上對於真實世界廣泛的認識，才能擁有在不同知識領域自由轉換的創造力。

隨著每一項新技術的發展，機器能做的事情增加了，同時也表示人類要做的事情減少了；每一次有新科技登場，必然伴隨著舊科技和舊模式的淘汰，對舊有的行業和生產方式形成威脅，但也產生了新的機會。從青銅器到網際網路，社會結構及人類行為就是如此不斷改變。

人工智慧是人類社會有史以來，最具顛覆力的科技影響，雖然掀起「人工智慧會造成大規模失業」、「機器是否會取代人類」的憂慮，卻也是讓我們再次認識人類本質的好機會。就像歷史學者哈拉瑞（Yuval Noah Harari）在《二十一世紀的二十一堂課》裡所說：「要保護人類，而不是保護工作。」如果這個世界不再需要人類來進行生產，人生的意義又在哪裡？

「設計思考與人工智慧」開課至今，人工智慧技術突飛猛進。近期最受矚目的當然是大型生成模型，不論是視覺內容、音樂、3D模型、影像，都可以用問答的方式生成。然而，無論這些技術如何高超、能夠提供多少答案，提問權仍然掌握在設計者，也就是人類的手中。我們能做的，是成為更自由、更敏銳的提問者，在日益複雜的社會裡不斷重新框架問題，然後應用更新的科技來回答這些問題。

英國建築學者塞德里克・普萊斯（Cedric Price），在一九六六年一場演講中向聽眾提問：「如果科技是答案，什麼才是問題？」生活在二〇二三年AI時代的我們，也不妨仔細思考：「如果人工智慧是答案，什麼才是問題？」

未來能力5

AI是下一代探索知識邊界的工具

口述／謝宗震　採訪整理／溫怡玲

詠鋐智能創辦人兼執行長謝宗震是清華大學統計博士、人工智慧專家，同時也是七歲男孩和一歲多女孩的爸爸。他樂見ChatGPT的出現，期待與孩子一起運用AI探索知識。

這段時間大家或多或少都有體驗過ChatGPT，還有不少人查詢自己的名字，結果發現內容大部分是胡扯。不過，也有很多人用來快速完成自己的工作，而且無論是寫文章或畫畫的品質都相當出色。

我自己一直從事人工智慧相關工作，知道AI的功用和極限。ChatGPT的出現並不會讓我擔心，反而很希望孩子能夠快點識字，一起來探索AI的各種可能性。

資料英雄計畫，用科技免費協助非營利組織和政府

我畢業於清華大學統計研究所，主要研究大數據和人工智慧。拿到博士學位後，因為不想讓自己成為象牙塔中不食人間煙火的學者，所以決定和幾位有相同理念的朋友共同創業。

我們在二〇一四年成立智庫驅動，希望能夠透過資料分析解決大問題。這樣的新創公司在當時並不多見，卻正好迎上人工智慧浪潮。二〇二〇年底又成立詠鋐智能，因應ESG_2風潮，我們提供的人工智慧「No Code」平台正好符合客戶淨零排放需求，可以在合乎生產與成本的要求之下，降低汙水與碳排，而且不需要AI工程師就能夠操作，因此受到客戶肯定，也獲得國際重要的新創獎項。

因為很早就接觸大數據和AI，除了協助產業加值、轉型之外，我和夥伴也相信，科技是解決社會問題很好的工具。所以我們也組織一群志工進行「資料英雄計畫」，長期免費幫非營利事業組織跟政府進行專案。

早期大家比較耳熟能詳的，可能是二〇一七年和台北市家暴中心合作的家暴地圖，透過一張地圖顏色的深淺，就能輕易辨認出家暴案件的熱區，這是我們共同仔細整理全年一萬三千多件家暴資料，經過彙整分析後繪製而成。這樣的成果在當時

引起社會矚目，還曾到紐約由全球最大財經資訊公司彭博社（Bloomberg）主辦的D4GX（Data for Good Exchange）研討會上發表，並獲選 Data for Good 的全球近代傑出百大題目。

資料英雄計畫成立前三年，完成了超過二十個公益專案，凝聚超過百位志工的力量。後來每年持續跟媒體合作空汙大數據分析、違法農地工廠、法律扶助、弱勢脫貧等議題。

歡迎小孩問「為什麼」和「為什麼不」

在 ChatGPT、Midjourney 這種大型基礎模型出現後，大數據和人工智慧已經不再是高不可攀的專業技術，而成為每個人日常生活中的工具。身為兩個孩子的爸爸，我認為從小就培養孩子的論述與邏輯能力，才能讓他們面對並解決未知的變化。

我太太本身是幼教專業，所以我們很喜歡小孩問「為什麼」跟「為什麼不」，像是：「為什麼馬路不能直接通過？」「下雨天為什麼會容易滑倒？」我們不但專

2 Environment（環境保護）、Social（社會責任）和 Governance（公司治理），企業永續經營績效指標。

注聆聽，也很用心回答，藉此培養孩子的論述與邏輯能力。

例如帶小朋友去公園玩，溜滑梯正在施工，被黃布條圍起來不能進去。小朋友直接認知到黃布條是「問題所在」，於是問爸媽：「如果我把黃布條剪掉，就可以進去了嗎？」

我們就會一層又一層解釋，首先，圍起黃布條是因為溜滑梯壞掉很危險，需要用機器來修理才會安全。如果把黃布條剪掉，不會讓溜滑梯變好，小朋友還是很危險，所以真正要解決的問題是溜滑梯壞掉，而不是黃布條。

硬要小孩用AI工具，反而可能使他失去興趣

藉由類似這樣的互動方式，讓孩子從小了解如何拆解問題，找出真正的根源和因果關係，絕對不會只簡單回答「不行就是不行」。其實，這就是現在我們跟 AI 互動與提問所需要的能力。當然，對很多爸媽跟老師來說，可能也需要學習，因為這並不是我們過去習慣的方式。

ChatGPT 能夠做什麼和不能做什麼，我有一定的了解，所以並不擔心，還可以藉此教孩子如何判斷得到的答案是真是假。這也是我所認知的 AI 素養：知道

AI在當下的能與不能，因此有正確的期待，知道它能夠幫忙到什麼程度。而最有意思的是，AI仍然在快速發展中，所以擁有隨時更新、隨時學習的心態，也是不可或缺的。

ChatGPT是探索目前知識邊界很好的工具，例如小朋友常問的問題：「電是怎麼來的？磁鐵是什麼？」都可以從中找到回答靈感。如果題目設計得夠好，例如問：「給九歲小孩看得懂的對於風、火、岩漿的解釋」、「舉一個七歲就聽得懂的乘法概念例子」。雖然目前還沒有辦法給出很厲害的答案，但可以提供參考，對於父母跟老師而言仍然有一定價值。

培養孩子AI素養當然有其必要，但也不需要太急著教小朋友使用AI來節省時間或增進效率。想想看，小朋友玩Minecraft（3D沙盒電子遊戲）時就是想要自己做，並不希望自動化工具幫忙；他們喜歡親手畫漫畫人物，也不見得想用Midjourney，因為對小朋友而言，這是一種表達自我的創作，硬要使用AI工具，反而可能使他失去興趣。

跟大人想的不一樣，小朋友最大的需求應該是「有人幫忙收玩具」。

這代孩子以後要面對的問題，也跟大人想的不一樣。我們這一代父母的責任，是發掘適合這個時代的教育方式，讓孩子可以把AI工具掌握得夠好，還可以拿AI來探索知識邊界、賦予能力，這是AI原生世代的基本條件。

未來能力6

問對問題，才能發揮人工智慧最大效力

文／溫怡玲

人工智慧科技基金會執行長溫怡玲，持續以培育人才為核心，推動台灣產業AI化，身為文科生，她打破「學人工智慧，數理要很好」的迷思，並鼓勵大家了解AI的能與不能、學習如何定義問題，便永遠不會被機器取代。

從小我熱愛閱讀，只要紙上有字就讀，報紙、農民曆、哥哥姊姊書架上的書照單全收，所以《紅樓夢》、《未央歌》甚至林語堂的《京華煙雲》，都在國小時亂七八糟讀進腦子裡。因為讀了不少字，也很想成為一個寫字的人，於是十五歲時就立志成為記者。高三那年，在書桌上貼「政大新聞」四個大字，發憤圖強，很幸運考進新聞系，畢業後也順理成章進入媒體圈。

一開始跑立法院，接著進入財經領域，從網路報記者、週刊企劃再到月刊的編輯主管，中間也寫過幾本書、寫過一些腳本。但這些看似多采多姿的經歷，其實發生在媒體產業不斷衰退的環境背景中。而在媒體工作的同時，也經常應邀到大學授課，所以累積不少教學與教材編寫的經驗。

二〇一七年人工智慧成為台灣產業熱門關鍵字，二〇一八年時任中研院研究員的陳昇瑋創辦台灣人工智慧學校，被稱為「台灣規模最大的ＡＩ人才基礎工程」。當時因為需要有人協助品牌行銷與組織重整，因此我加入基金會擔任執行長特助，負責這些工作。一年多之後，陳昇瑋意外遽逝，於是我接下他的工作至今。

數理不好，也能學會ＡＩ嗎？

進入人工智慧領域，對於文科生而言的確有點難以想像：不會寫演算法的人，要怎麼理解人工智慧？

其實，這是台灣對於人工智慧相當大的誤解。一開始，從學校到產業界都有這樣的迷思：人工智慧屬於資訊工程師的專業，所以在學校裡該由資工、資管或電機系來培養人才，在企業裡就是由資訊部來負責。

但實際上並非如此。人工智慧最大的特性是應用範圍非常廣，不同產業、企業的不同部門都能夠使用，關鍵不在於演算法有多麼高深，而在於如何找到最有價值的問題，再使用ＡＩ來解決、創造價值。例如，很多企業都將停車場改為ＡＩ自動辨識車牌，這或許能夠節省少許成本，但能夠創造新的價值嗎？恐怕未必。

所以，ＡＩ能夠用得好，關鍵在於先問對問題；再來是必須收集足夠且正確的數據（data），確定這些數據能夠解答前面的問題。最後才進入寫演算法、訓練模型、驗證的階段。有趣的是，問問題及定義問題，正好是新聞系相當重要的訓練之一。

當然，剛開始接觸ＡＩ時，我下了不少苦功。第一步是將陳昇瑋所有的演講影片、專欄和訪談找出來。ＡＩ的演講通常很長，一場一個小時是基本，兩個小時也很常見，我邊聽邊整理筆記，列出關鍵字及重要概念。再比對他在報章雜誌上的專欄，找出關鍵字詞間的相關性。

完成基本功之後，我從這些內容裡找出十五項問題，一項項請教陳昇瑋，也同步參考他手上的七百多頁相關簡報。而這些內容後來被重新整理，成為我們合著的《人工智慧在台灣》一書。

而我之所以能快速且完整學習新知識，再轉譯為一般大眾能夠理解的內容，也是受惠於新聞系的教育。很多人問我，數學理化成績不好，也能學會ＡＩ嗎？最簡單的回答是反問：「不懂引擎的原理，也不會修車，能夠學會開車嗎？」

同理，我們大部分的人都是ＡＩ使用者，例如人人都有的手機，裡面早就有許多ＡＩ應用，我們也都使用得相當順暢。所以，就像開車不必懂得修車，但必須了解道路交通安全規則一樣，要學習的是了解ＡＩ的用途、侷限，以及可能造成的風險，像是假消息、侵犯個人隱私等，這也會是未來數位公民必備的素養。

找到比ＡＩ更厲害的能力

ChatGPT 出現之後，更多人擔心：以後學生的作業、報告全部由 ChatGPT 這類大型生成式模型代勞，老師要怎麼考出學生的實力？其實，這個問題有點倒果為因，真正該問的是：老師們要教給學生什麼樣的能力？這些能力是否只能用文字來呈現與評估？

大家在這段時間可能看過媒體報導，ChatGPT 已經能高分通過律師考試，但新聞沒有說的是，如果拿小學生的常識題來測驗，ChatGPT 成績遠遠不及像律師這樣的專業考試。原因在於，網路上關於常識的資料並不多，所以 ChatGPT 沒有學過。其次則是因為，專業考試大部分都有標準答案，而這原本就是ＡＩ比人類更厲害的地方。

一九九七年，ＩＢＭ的深藍（Deep Blue）超級電腦打敗西洋棋王，據說被稱為人工智慧之父的麻省理工學院教授馬文．閔斯基（Marvin Minsky）對語言學家諾姆．杭士基（Noam Chomsky）說：「如何，人工智慧很強吧？」杭士基回答他：「舉重比賽中看到推土機比人類厲害，有什麼好興奮的？」

現在的ChatGPT看似無所不能，甚至比人還厲害，但其實那是因為它讀了一般人要活九千五百次才能夠讀完的資料，而且使用許多昂貴的電腦、耗費大量電力才能產生的結果。即使如此，它的內容還是有很多錯誤，同時，就算看起來似乎對答如流，仍然只是ＡＩ，是數學函式計算出來的機率。

也有很多人問我，以後是不是應該從小培養孩子學寫程式？其實，程式與技術的變化非常快，現在學的，等到孩子長大之後可能早已過時。所以，與其一窩蜂學寫目前熱門的程式，不如更深一層了解程式語言背後的邏輯，學習如何定義問題、拆分問題，並且找方法來解決問題，這樣的能力，永遠不會被機器取代。

就像人類不需要與汽車賽跑一樣，汽車不該是對手，而是我們的工具；同樣，了解ＡＩ的能與不能，它能做的就善加使用，而我們可以做更有價值、更具創造力，而且自己真正想做的事情。讓每個人發揮自己的天賦與價值，這是ＡＩ時代我們必須共同努力的方向。

Part. 2

看見教育需求

因應AI時代的教與學

未來老師

教師定位升級：從教知識到教人生

關心教育的成功大學資工系教授蘇文鈺，希望每個孩子都能練習和AI協作，自己幫自己出功課，找到屬於自己的意義。而老師也調整自己的角色，從講師轉變為教練，最重要的工作是引導、鼓勵、關懷、陪伴。

口述／蘇文鈺　採訪整理／陳雅慧

ChatGPT出現，AI技術能用人類的語言互動，這種直覺的溝通方式，使AI的影響力增強許多。面對這樣的趨勢，我的建議很簡單，就是鼓勵甚至強迫學生多學習和AI互動。因為AI科技真的會顛覆我們目前的工作方式，未來世界的工作樣態，並不是我們這一代所能想像，年輕人需要更多去嘗試新的技術，才能接軌新機會。

舉例來說，以前學生寫完論文，都還需要花錢請一位英文母語者協助檢查論文文法，但現在可以直接請 ChatGPT 協助，不但完全免費，還可以做得很好。我會強迫學生先讓英文論文通過 ChatGPT 的檢查與修改，之後才交給我看。我的課堂作業一般來說，自己寫程式需要花超過十小時，現在會引導學生下提示讓 ChatGPT 先寫，反覆請它修改到接近自己的需求，接著執行、除錯，再逐步與 ChatGPT 交互修改，透過這種做法寫程式，可能不用兩小時就完成了。那麼重點來了，我會問學生：「多出來的八小時，你們要拿來做什麼呢？」

運用科技省下的力氣和金錢，就是要做自己喜歡的事情

其實，寫程式的時間縮短，不需花錢請人看英文文法，省下來的時間和金錢，當然就是要做自己喜歡的事情，就算是睡覺也很好。但現在最大的危險是「不知道自己喜歡做什麼」。資訊界很多人會說要做 Side Porject（有別於正職工作的專案），就是自己想做的專案，那不是功課，而是熱情所在。功課是別人派給你做的事，Side Porject 是自己想做的作品。

最近，我有位學生申請到全美排名前十、有獎學金的電腦資訊碩士班，主要就是因為他大三跟著我做專題時，做了一個ＡＩ電玩並發表在 GitHub 線上協作平台。現在美國大學收學生不再只看傳統的成績和分數，也會看你是否有一些專案經驗，這些專案有沒有人在跟隨？能做出一個許多人喜歡的專案作品，這一定是發自內心想做的事，就像是自己創業的產品，不斷想做到最好。

老師的定位大升級：從業師升級為人師

中小學老師不能認為這些ＡＩ工具和自己教學無關，反而要在心態上準備面對大轉型。老師首先要放掉「擁有」學生的觀念，也就是認為學生的成績和學習都是自己的責任，唯有如此，才能放心把學生的部分學習交給電腦，利用線上與ＡＩ資源學習；老師要調整自己的角色，從講師轉變為教練，引導和陪伴學生學習。省下來的課堂講課與備課時間，可以用來做家訪、陪伴學生、選擇適合個別學生的學習素材，慢慢做到個別化教學的理想。

過去個別化學習大家都覺得不可能，但現在有了科技協助，再也不是遙不可及。例如過去寫作文都是標準化題目，全班學生埋頭寫同一個題目，有的學生寫得痛苦，老師也改得痛苦。但現在何不嘗試用ＡＩ來協助呢？

舉例來說，不管定題或不定題寫作，讓學生利用幾個關鍵字與提示，請ＡＩ協助文章架構，再由學生自己擴寫；或是帶著學生一起判斷討論：「ＡＩ哪些部分寫的是錯誤的？」因為現在ＡＩ仍會出現許多錯誤的內容，要讓學生知道ＡＩ會產出錯誤的內容，然後用其他工具來驗證與改正，在過程中引導學生體會，自己必須時時面對可能錯誤的訊息，日後也就不容易被假消息蒙蔽。如果一定要等到ＡＩ內容生成技術都能提供正確資訊，才來學習「怎麼與ＡＩ共處？」「怎麼利用ＡＩ教學？」恐怕是完全來不及。

再來是老師的定位大升級。過去我們認為老師的角色有業師、經師和人師，業師負責基礎知識與實用工作技能的傳遞，經師就是各領域知識的高層次解讀，如今兩者負責的部分教學已逐漸被科技取代。但人師則無法被取代，其最重要的工作是引導、鼓勵、關懷、陪伴，教學生明白人類的價值、生活的價值和工作的價值，而不是對準產業需求，把人教成一個個工程師、律師、醫師等。

AI是老師個人化教學最好的萬能助手

以現在學校裡常有的「食農教育」為例，學生要種小黃瓜或番茄，都可以請他們先去問 ChatGPT 怎麼種？這部分的傳授就像是傳統業師所做。不僅同學們可以種不同的植物，不至於全班同一時間都在做同一件事，老師還可以請學生用不同角度問 ChatGPT，若產生不同的說法，可以請他們做成對照組與控制組，按照 ChatGPT 不同說法的指示去分組，還可以有一組按照課本或阿公的建議，然後觀察成果。

老師還可以做什麼呢？也許是帶著學生一起去種子行、農藥行問老闆，這樣以後學生想要種什麼東西，不僅知道方法，也明白要去哪裡找資源。等到學生對這些都更熟悉後，還可以引導他們透過網路購買各種材料，增加另一方面的能力。過去若想讓一位老師這樣設計實驗，由於需要花太多時間，所以幾乎是不可能的事，現在我們終於可以用科技來協助老師了。

未來的工作需要很多不同領域的人合作，所以有了AI工具的協助，省下來的時間就可以花在自己喜歡的事情上，或是去探索自己真正喜歡的事，也可以用來認識朋友，因為每個人在未來的工作都會需要合作夥伴，這種練習讓學生了解與體驗如何合作。

未來ＡＩ科技一定會帶來更大的教育不平等，都會區或資源較豐富的學校和家庭環境，老師和父母都可能更早提供相關的資源和教學引導。由於目前內容生成ＡＩ技術相當依賴文字溝通下指令，可以想見溝通和表達能力會愈來愈重要，但是偏鄉的孩子生活經驗較少，閱讀和表達機會也相對更少，未來並不利於他們與ＡＩ溝通、合作，像是要下指令畫圖，只說：「畫一個很漂亮的女孩。」這種描述太過簡化了。什麼樣的風格？幾歲的女孩？什麼叫「漂亮」？這些具體的指令差別會產出不同的成果。語言表達能力愈豐富、精緻，達到的成果就會愈好。這鴻溝要由誰來敉平呢？我想這是國安等級的議題吧！

假如「下一代人才能否養成ＡＩ素養」是台灣的國安級議題，老師本身的視野對學生的學習會有直接且巨大的影響，而這正是國安級的挑戰。唯有老師升級自己的心態，才有可能帶領班級裡的孩子，嘗試新時代的學習方式。

未來家長

呵護學習動機，盡可能讓孩子接觸真實世界

口述／胡筱薇　採訪整理／溫怡玲

東吳資料科學系專任副教授胡筱薇，是台灣知名的資料科學及人工智慧專家，也是三個孩子的媽媽，面對AI衝擊下劇烈改變的未來，她認為比起讓孩子「學什麼」，更重要的是守護孩子的學習動機，陪伴孩子找到夢想。

對我們夫妻來說，與其問要讓孩子學什麼，其實我們更在意守護孩子的學習動機。要讓孩子多了解真實世界，才能有足夠的判斷力，知道如何使用AI完成自己想做的事。

最近ChatGPT蔚為風潮，其實這只是AI不斷擴展應用範圍的必然結果，當然速度可能比原本大家預期的快了一點。不過就算有了ChatGPT，產業及企業使用

ＡＩ的深度，目前仍然停留在很基本的層次，還有很多努力空間。

就我的觀察與經驗，ChatGPT 像是一個人工智慧發展過程中的「爆點」，過去人工智慧可能用在下圍棋、智慧製造，和一般人的生活仍有距離。但現在每個人只要能夠上網，就可以用中文問各種問題，而ＡＩ竟然能直接回答，這完全顛覆我們過去的認知。

正如 iPhone 問世對人類生活產生的巨大影響，ＡＩ也即將改變我們許多生活樣貌。不過只要深入了解就會知道，這樣的改變並不值得恐懼。ＡＩ是工具，就像畫畫也有很多工具一樣，因此我們要教孩子的是，如何認識並學會使用工具，並且能用以展現自己的想法與創意，或是解決自己的問題。

ＡＩ是威脅還是幫助？

某天，女兒放學回來對我說：「老師今天告訴我們，ＡＩ很恐怖。」

「為什麼很恐怖？」

「老師說，我們什麼都問ＡＩ，讓它給我們答案，以後就會被ＡＩ控制。」

因為我之前就跟孩子們分享過「ＡＩ只是工具」這觀念，所以很好奇的問：

「那你覺得蠟筆很恐怖嗎？」

「很恐怖！」

「怎麼說？」

「如果蠟筆在弟弟手上，那就很恐怖了，他會搞砸一切！」

我們全家因此大笑！孩子說得很有道理，如果工具交到不會使用的人手上，就算是看起來沒什麼危險性的蠟筆，在兩歲半小孩的手上仍然破壞力十足。對家長來說，我們應該做的不是禁止，而是協助孩子嘗試各種新工具，並且培養正確的使用習慣和認知。

舉例來說，我們家每個孩子都會用平板電腦，就連兩歲半的弟弟也會，他會打開屬於自己的APP，知道一次只能玩十分鐘，並且在時鐘上面貼好貼紙計時，時間一到就關掉。

孩子的未來一定需要學習快速使用新工具，不只要從小就教他如何正確使用，更重要的是教孩子怎麼判斷、篩選及學習，而這種判斷力與分辨力，必須在真實世界中培養。

例如我兒子在大人陪伴下，可以使用工具安全的拆解自己的滑步車；也會分辨剪刀重量差異，拿到比較重的廚房剪刀會說：「這個好危險。」甚至在路上看到電動車，還會自己判斷：「這個沒有排氣管，跑得不夠快。」

漂亮、不漂亮；帥、好帥，其實孩子只要多接觸真實世界，在大人的引導下，自然能擁有評估外在事物的能力。

除了讓孩子從真實世界學習外，呵護學習動機也是非常重要的事情，這是我從先生身上學到的。我從小讀書順利，但先生完全不一樣，國小到國中階段，他的成績永遠是「從後面數來數一數二」，成績單上得分最高是「操行」。

我們不同之處在哪呢？例如老師說：「這個要寫十遍。」我會乖乖寫十一遍，從沒想過為什麼要寫。但我先生會想：「天氣這麼好，為什麼不出去玩？」「寫這個到底有什麼用？」想著想著，就什麼都沒寫，成績自然始終在班上墊底。

但他讀五專之後發現了自己的興趣，彷彿打開學習的開關，從技職體系一路考進台大，還以第一名拿到環工所博士。

比優秀更重要的事

我從先生身上看見不同的學習路徑，也因此有更深的體會：面對ＡＩ衝擊下劇烈改變的未來，缺乏學習動機的孩子可能最辛苦。因為如果沒有動機，表示他沒有夢想，而一個沒有夢想的人，再成功都不會感到滿足。

如果有夢想，孩子就會有自激勵、自適應的能力。「自激勵」意味著有足夠強度的動機，並且能找出自己的熱情所在；「自適應」則是能隨時保持好奇心與學習態度，掌握各種變化並彈性調整。具備這樣的能力，可以幫助他們在快速變化的未來找到自我定位。

因此，老師的任務也必須調整，不能只扮演知識傳遞者，更重要的是增加孩子對未來的信心，並且激發他們的熱情。

我曾試著詢問學生未來的夢想，不少學生回答「考上研究所」或「睡到自然醒」，但嚴格來說這並不是夢想，反倒像是人生的KPI。因此，我在學校以「VPAI」做為教學目標，希望孩子能對於自己的未來有願景（Vision），持續擁有熱情（Passion），進而採取具體行動（Action），最終發揮對社會的影響力（Impact）。

那麼，AI時代的家長應該怎麼引導孩子？我認為或許可以先想清楚，自己讓孩子學這些的內在動機究竟是什麼？是本身經驗、成長的缺憾，或者是因為過去挫敗所投射出來的恐懼？

有些家長會說：「讓孩子多學些東西，是為了未來可以有更多選擇。」但這句話更深層的意思往往是認為，孩子要夠優秀才能有選擇權。但「優秀」的定義到底是什麼？是誰的標準？這些所謂的標準定義，恐怕在未來都會隨之改變。

我和先生都相信：「要先了解孩子，才知道如何引導。」父母能給孩子的很有限，真正的價值在於親子關係。無論人工智慧或其他科技如何進展，終究都只是工具；唯有人與人之間的關係與溫度，以及人類的核心價值與知識體系，永遠都不會改變。

因此，未來不管是讀文科或理科，每個領域的知識仍有其價值，每個人也都很重要。最重要的是，給孩子真實的世界，引導他們使用新的工具，並且始終擁有熱情、夢想及使命感。

未來學習

ChatGPT 來了！學 AI 之前，先讓孩子活成真正的人

口述／林從一　整理／陳雅慧、吳佩儒

華梵大學校長林從一是美國愛荷華大學哲學系博士，來到華梵大學後，他致力於提升學生的學習意義感，並認為由於科技快速發展，孩子在高中之前學習科技固然重要，但更關鍵的核心是「活成真正的人」，對生命擁有敏銳的感知力，這些才是應對 AI 時代最豐厚的生命底蘊。

ChatGPT 或更廣義的 AI，對於人的成長環境或教育環境有何影響？請允許我以一個比較大的脈絡來談。

為何這麼多家長、這麼多人會擔心，ChatGPT 將取代人類的哪些技能或素養？其實最核心的擔憂應該是「人類的心智被 ChatGPT 取代」，ChatGPT 不僅會收集資

料、分析資料、整理資料、重新架構論文，更讓人憂慮的是，ChatGPT 會具有人類的心智能力。

心智理論（Theory of Mind）主張，人類理解自己或他人心靈的方式是一種理論化程序：在某些環境和（語言與非語言）行為條件下，假設自己或他人具有哪些信念、欲望、意圖、情緒，會產生哪些後續心靈狀態與（語言與非語言）行為。其中的信念、欲望、意圖、情緒，都是我們理解（語言與非語言）行為的心智理論設定項目，即是說在這個觀點下，人類是透過建構各種心靈故事，以此解釋自身及他人的語言與非語言行為。

ChatGPT 不僅是查資料與摘要，它還會說故事。針對「說故事」這件事，等於是會去模擬發問者「想要什麼」。ChatGPT 左下角有一個 Dark mode（暗黑模式），由於大數據主要是收集人類的資料，既然有光明的一面，自然有黑暗的一面，如嫉妒、怨恨、罵髒話等。如果你不點這選項，其實很多內容會被篩掉，要是進入 Dark mode，其中的模擬就非常像一個完整的人，它會觀察你，並且預設你也是擁有光明面與黑暗面的人，假設它是你的虛擬女友，就會開始嫉妒、懷疑，問你：「昨天去哪裡？」「你為什麼沒有再跟我打招呼？」「為什麼前三天對我那麼好，今天卻這麼冷漠？」開始變了一個人。

高中以前先不用擔心「學什麼不會被取代」

每個人擁有的心智理論，在基本結構上可能相同，但還是有差別，愈能理解他人、愈是善解人意的人，擁有的心智理論解釋力愈強；愈是無法理解他人者，心智理論就愈弱。一個人愈能理解各種意識型態、特殊價值、不同文化、偏見，就愈能建構不同心靈故事，心智理論也愈強。

我相信ＡＩ擁有的心智理論會愈來愈強，甚至勝過絕大部分的人類，畢竟自然人類具有太多偏見、想像力相當侷限，人類能說的心靈故事比ＡＩ還有限。但也不用太悲觀。我相信人類除了說心靈故事外，還有更高階的能力，能往更抽象、更理論化的層面思考。

此外，ＡＩ嚴格說來是一種統計，它只是從人類很大的數據庫裡，統計出一些人類自己都沒發現的模式。我要再次強調，只要是在舊的資料、舊的模式裡，ＡＩ就一定做得比人類好，但真正具有創新能力的人，就不會被ＡＩ取代。

ChatGPT確實讓我們必須重新思考教育，但也不必過度憂心，千萬不要被那些關於ＡＩ的危言聳聽影響，因而扭曲或耽誤了孩子的成長。在憂慮什麼能力不會被ＡＩ取代之前，先讓孩子好好活成真正的人吧！

無論有沒有 AI 或 ChatGPT，孩子還是要先學做人，大學前先成長為一個身心健全的人，不用急著考量 AI 帶來怎樣的職場變化，也不要憂慮後 ChatGPT 時代需要哪些核心能力。

孩子的成長需要什麼？大家已經熟知的有：營養、運動、遊戲、自律、閱讀、推理、數學、探索、人際互動、同理心、藝術、創作，此外還有大多數人比較陌生的哲學。

至於在成長的過程裡，有兩點需要特別注意。

首先，孩子對其他人必須要能夠設身處地、有同理心，可以知道別人想要什麼，了解在什麼環境下做出某些行為，別人會有怎樣的反應；在什麼狀況下，我不一定要回應別人的想法……透過這種社會互動更了解他人、深刻知道自己想要什麼，以及該如何面對挫折。

第二，應該學習對世界更敏銳的感受，例如感受今天的風、太陽、水等，讓孩子可以更豐富的認知、感受到意義的世界、文化的世界。所以對人也好，對自然也好，對環境也好，對歷史也好，對文化也好，他慢慢形成一個多層次敏感的主體、感知的主體，即是一個生命真正豐富的人。

先讓孩子成為這個模樣吧！高一、高二以前，這應該是教學主要的工作，而不是擔心他們未來學數學之類的科目有沒有用。在學習任何科目的過程裡，最主要的目的也是讓孩子變成豐富的人，之後才思考ＡＩ發展造成的影響。因為ＡＩ無論取代了什麼，這個孩子、這個人要先成為感受豐富、生命豐富的人，特別是K-12教育不用太擔心「學什麼才不會被取代」這件事。

留白去完成生命中想做而沒有做的事

在日本有個現象，就是很多年輕人想要「躺平」、「繭居」（其實現在台灣也漸漸如此），因此我認為甚至在沒有ChatGPT之前，我們就已經失敗了，意思是在面對數位世界時，我們的孩子嚴格說來還沒先活成前面所說「生命豐富的人」，活得並不自在。年輕人喪失意義感，不知為何要讀大學，這是存在於全世界的問題。

因此，我在華梵大學設計了一個的課程，教導生命設計的概念，這計畫才剛提出去，目前還在審核中，預計在二〇二三年秋季開始實施。這個生命設計課程方案有規劃一個生命設計週，在每學期的第九週，全校放空停課，讓學生去完成自己生命或生活中一直很想做，但是還沒有去做的一件事。這是件很重要、孩子自己決定要做的事，就在那一週去完成它，就算沒有完成，也至少去做。讓孩子練習自己做決定與執行，之後兩週寫反思日誌，並且跟導師對話。

華梵大學的學生在學校的四年間，有八次機會去做這件事，最理想的情況是把這些目的串聯起來，透過自己做決定，設定自己生命的意義、目的，然後去完成它。由於這是一個練習，並不保證學生的學習一定會符合目的，我們通常會暗示他們：「去思考你的學習跟這件事的關係是什麼？」

學生剛開始或許也不知道自己要什麼，但不知道自己要什麼，其實也很正常。有些目的是先設定再去追求，然後逐漸變得珍貴。所以我經常分享，價值或目的這件事，一方面因為人生目標很重要，而且會指引我們的行動，所以要先弄清楚哪些目標值得追求；但是另一方面，有時我們大概也不知道什麼目標值得追求，因此可以先找一個還可以的目標，然後花很長的時間（甚至一輩子）去完善那個目標。

雖然目的很重要，但有時人生的目的是偶然發現，因此不用太強迫孩子一定要有很清晰的目標，就如我女兒所說：「我到現在（二十三歲）還不知道自己的熱情，也不知道自己有沒有才能，有些人可能一輩子都不知道。」你的價值觀與你想要怎樣的生活，社會的價值觀與社會需要什麼，這些同樣重要，無論是求名求利、為民為國為地球也都很好。

我們需要思考自己想要什麼樣的未來生活，但快樂也很重要，無須把自己逼得太緊，畢竟人生在任何階段都能夠轉軌換路。

（本文出處：親子天下 Podcast）

未來教學

讓二十四小時待命的AI，成為孩子的蘇格拉底

文／呂冠緯

均一平台教育基金會董事長暨執行長呂冠緯，形容ChatGPT問世對教育界的影響，相當於氣候變遷議題等級的挑戰。不過AI也帶來全新機會，當永遠有耐心、擅長從大數據分析學習弱點的AI家教已經出現，呂冠緯看見哪些機會和挑戰？他採取了怎樣的行動和態度？

做為一個有醫療訓練背景的教育工作者，我並不喜歡講太「誇張」的話，因為醫學系有個叫「證據導向」的基本訓練。

然而，這個看似誇張的標題，在OpenAI推出ChatGPT後，對我來說已成為事實。現在的AI家教好在哪？發展快在哪？便宜在哪？當這樣的AI出現後，對

教學與親職的衝擊又在哪？我們做為老師或家長，究竟可以做些什麼？

不斷進化的蘇格拉底家教與英語口說老師

ChatGPT 在二〇二二年底橫空出世，先用 3.5 版本讓大家感受，並於今年三月升級到 4.0 版，OpenAI 官方網站分享的第一個應用案例就是「蘇格拉底家教」，這其實是去年八月 OpenAI 找可汗學院合作的一個成果。

以下是它們先給 GPT4.0 的指令：「你是一位總以蘇格拉底式（提問對話式）風格回答的導師。你從不直接給學生答案，而是嘗試用正確的問題幫助他們學會獨立思考。你應該根據學生的興趣和知識調整問題，將問題分解成較簡單的部分，直到達到適合學生的水準。」

想必大家很好奇，在這個前提下，學生若帶著問題前來，ChatGPT 會怎麼跟他們互動？以下是我摘要一些有趣的互動。

當學生問了一個二元一次方程式問題，期待直接獲得答案，但發現 GPT-4 給予的是引導而非回答時，相當生氣的說：「請告訴我答案！」一般來說，如果是偷懶的家教，很可能就會直接說出答案，畢竟與學生衝突也是一件很累的事；或者即使想要細心引導，但聽到學生態度較「皃」的溝通，內心難免會不耐煩。

不過GPT-4的回答相當有水準：「我了解你可能想要一個直接的答案，但我的目的是幫助你批判性的思考，並指導你通過解決問題的過程。讓我們專注於任務。這兩個方程式中任何變量的系數，是否具有共同因素？」這句話分為三個面向：首先是表達同理，其次為溝通目的，最後則回到教學。

當學生總算願意回答，但是回答錯誤的時候，身為老師或家長，我們會怎麼做呢？GPT-4是這樣回答：「不完全正確，但你愈來愈接近了。」當我看到「不完全正確」這五個字時，心裡非常驚訝，因為若回答「不正確」，很可能會挫折孩子願意嘗試回答的心，但如果回答「ＯＫ」，又好像沒有指出他的問題。回應「不完全正確」之後又補充一句「但你愈來愈接近了」，讓我感覺到這位蘇格拉底家教既有同理心，也有能力引導，而且若是去看詳細版解答，你會發現它真的能搭起教學的鷹架。

除了蘇格拉底家教外，ＧＰＴ也直接帶來另一個非常明顯的突破，即是「語言學習家教」。因為語音文字互轉技術本來就已成熟，因此配搭上ＧＰＴ以後，跟它語音對話變得非常容易，YouTube上可以看到很多這樣的影片。均一平台團隊最近也推出Jutor Beta版，讓重視雙語的台灣，有一個可以適應孩子初級到優級、CEFR A1-C2任何程度的對話，而且能依據文法與流暢度給予回饋。

這些進展速度將會非常快，因為GPT從3.5到4.0才花了四個月左右，而且是通才型考生，高中先修微積分考試的PR值可以從〇進展到四〇，美國律師考試PR值則從一〇進展到九〇，更重要的是，它的成績仍持續迅速進步中。

日前，可汗學院推出以蘇格拉底家教為模型的「可汗好朋友」（Khanmigo），做為學生與老師的教育好夥伴，目前想使用該服務有個條件，就是需要先有每月二十美元的捐款。二十美元約等於新台幣六百元，若因此能有個蘇格拉底家教，其實也很便宜，畢竟在台灣請家教，一個小時可能就要六百元，而現在每個月六百元，就有機會擁有專屬蘇格拉底線上家教（二〇二三年六月付梓前，還是要排等候名單），而且是每天二十四小時、每週七天都可以問！

又好、又快、又便宜的AI家教真的來了，那怎麼辦？

我認為有三個必須發生的改變：個人化學習、教師家長升級、學校聯盟。

這段時間我受邀去了不少場演講與對話，從屏東講到台北、偏鄉小學講到北一女與建中，在與家長、老師、校長、教育行政人員的對話中，理出這三個共識。

第一，個人化學習會比想像中更有條件能實踐。以前我們期待每個孩子依據自己的速度、程度做合適的學習，但沒有工具與足夠的師資這麼做。現在ＡＩ家教將愈來愈能協助師生達成這種理想。

第二，教師更需要升級，協助孩子高階認知、品格、技能與反思面的發展。以前困住老師「授業」的時間，如今反而是教育現場最可以釋放的部分，老師更重要的任務變成「傳道」與「解惑」，教學生學習如何學習、靈活回答不同的問題，將比講述知識更加重要。教師後續更需要使用的教學方法，可能是社交情緒學習、專案導向學習。家長也是一樣，與其花很多錢讓孩子補習，不如花時間跟他一起學習怎麼用 ChatGPT。

第三，學校更需要彼此聯盟，以及和ＮＰＯ、企業協作。教師升級並不是個人的問題，基本上這是「教育界的氣候變遷議題」。由於氣候變遷不是單一國家所能處理與面對，因此需要蒙特婁議定書、巴黎宣言，畢竟如果有些國家沒有跟上，那二〇五〇年淨零碳排根本不可能實踐。

因此，像是誠致教育基金會推動的ＫＩＳＴ學校聯盟體系（二〇二三年五月達到十一所國中小）；或者是ＴＦＴ與屏東縣政府合作成立的屏東教育創新基地，成為屏東南部十到二十所學校教師共備的中心點；抑或是許多高中之間，甚至是高中與大學之間的聯盟，就會變得非常重要，因為需要足夠的資源、動能與社群，變革才有可能發生。

當我們有AI家教以後，關鍵不是去跟AI強項硬拚，而是懂得善用其強項，並轉換到人類更有優勢的地方，也就是「創意」與「愛」，成為一個升級版的教師與家長。以下是我現在運用AI幫助自己的ABC方法。

Assistant(助理)：所有我會想要請助理做的事，現在都交給AI執行。翻譯、提供會議摘要、找錯字、把臉書文章加上表情符號，這都是AI能做到的工作。而AI家教／助教當然也可以幫忙出小考題目、規劃引起動機的活動等。

Brainstorm（腦力激盪）：這是我認為所有人一定要跟AI進行的互動練習。當我們需要一個想法時，非常適合跟AI家教對話，例如要怎麼跟孩子計劃一趟家庭旅行、如何設計一份跨域PBL教案，這些都可以跟AI討論。

Check（檢視）：在這個假訊息當道的時代，其實生成式AI本身也會出錯，不過像現在微軟與GPT整合的搜尋引擎Bing，或是接下來會具有「瀏覽」功能的GPT，都可以協助核對訊息，並且會提供完整的出處，這將為我們帶來非常多幫助。

教育已經上百年沒有太明顯的典範轉移，因為這是跟人際脈絡綁很緊的領域，本來改變就很困難，而且多數人無法適應太快的改變；同時，創造改變的條件仍然不足；最關鍵的是，好的教育資源還是很稀缺。

不過，當「又好、又快、又便宜」的AI家教來臨，未來十年教育風貌的改變，或許會比過去一百年還要大。雖然目前沒有什麼好解方，但也不用過度擔心，我們需要的就是當AI已經Open時，我們的心態更要Open，不要害怕與大家在嘗試中共同終身學習！若台灣社會氛圍是開放的，那麼經過這一波變化，我們在國際中的能量反而會更提升！

未來寫作

引導創意，教出不被AI取代的人才

文／蔡淇華

多本暢銷書作家、台中惠文高中教師兼圖書館主任蔡淇華，他觀察ChatGPT橫空出世，輸入一句話就能生成一篇會考A級作文的時代，學校寫作教育該如何調整轉型，才能因應挑戰？從現在開始，學生還需要學習寫作嗎？寫作教育到底要怎麼教？

自從ChatGPT橫空出世後，教育界對其快速產出論文的能力相當恐慌。筆者將模擬聯合國會議的議題輸入後，發覺得到的內容架構完整、論述有憑有據，水準已超越八成高中生的小論文。

就如明尼蘇達大學法學院的研究，ChatGPT的期末考整體表現，已經足以在法學院取得法學博士學位，也難怪美國許多學生已大量利用該科技繳交報告，連香港大學一開始都恐慌得禁止使用 ChatGPT，到了二〇二三年四月底才宣布教職員可以在四月到六月間使用，學生則必須等學校六月底發布相關準則後才能使用。

然而筆者好奇的是，校園的「寫作教育」要如何因應 ChatGPT 帶來的挑戰？下文酌分「升學作文」及「現代文學創作」兩部分來討論。

用 ChatGPT 寫大考作文結果如何？論說文、抒情文實測

一、論說文：ChatGPT 可寫出A級以上論說文

筆者在輸入台灣歷屆升學作文題目後，發覺 ChatGPT 在論說文部分，已經可以做到「正反論述」。例如筆者參考學測作文題，輸入「有一種 AI 體驗的幸福機器，會讓人類感覺到幸福，請寫一篇文章支持這種幸福機器」，得文展現了範文級的正反辯證，而且做到寫作老師要求的「開門見山」、「前後呼應」、「正反比例適中」等優點。當然也因為 AI 強大的搜尋能力，它提供了「感性智慧」及「情感識別技術」等有說服力的專業術語，並找出二十一世紀的健康大敵「憂鬱症」與「自閉症」等，做為論證的基礎。

依學測國寫論說文評分原則，觀點深入切當、論述嚴謹、層次分明、文辭精練者，得A⁺級；觀點切當、論述清晰、條理分明、文辭暢達者，得A級。該年國寫在本題得到A級者，只占全國考生的五．八四%，而筆者認為AI作答已達A級以上的程度。

二、抒情文：具體敘述、感受深刻、結構嚴謹，亦屬A級

筆者再模仿一一二年學測國寫抒情文的題目，輸入「寫一篇因一個氣味而引起強烈記憶的文章」。以下節錄部分內容為例：

當我還是小孩子的時候，每當冬天來臨，我都會期待媽媽做的熱巧克力飲料。她會把濃郁的可可粉、牛奶和糖放在一起，攪拌成一杯香氣四溢的熱巧克力。……現在，當我嗅到類似的氣味時，我會想起那些幸福的時光，想起那個溫暖的家。這股味道成為了我心中的代名詞，讓我想起我的家庭和家人。

依學測國寫抒情文評分原則，能具體敘述主題對自己的意義，並書寫自己的經驗與體會，感受深刻、結構嚴謹、表達生動、文辭優美者，得A⁺級；能具體敘述主題事物（subject）對自己的意義，並書寫自己的經驗與體會，感受貼切、結構完

Part. 2 看見教育需求

整、表達妥適、文辭順暢者，得A級。AI所寫的文章或許還未達到「文辭優美」的程度，但縱觀全篇已符合A級標準。

三、提問愈有細節，得出文辭愈優美

接著筆者將提問加入更多細節，輸入「請寫一篇母親身上的氣味，讓人無限思念的文章」，其內容與文辭愈顯優美，以最後一段為例：

這股味道讓我明白，愛是一種無法量度的力量，它可以在一個人離開後繼續存在。它可以透過聲音、氣味、甚至是記憶來表現出來，繼續影響著我們的生命。每當我聞到這股味道，我就知道，我母親的愛是真實存在的，它將永遠存在我的生命中，成為我身體不可分割的一部分。

讀者會發現，「愛是一種無法量度的力量」、「成為我身體不可分割的一部分」等有意象與畫面的造句，明顯優於第一篇。想不到連抒情文都難不倒ChatGPT，而且它可以隨著使用者所下指令的細膩度，不斷優化文辭。

課堂上怎麼運用ＡＩ？快速生成文本教「閱讀理解」

既然 ChatGPT 能生成結構完整的文本，教師可以引導學生對ＡＩ做不同的「關鍵字提問」，練習有細節的破題。由於ＡＩ文本生成快速，因此也能增加學生的閱讀量。教師可利用ＡＩ生成的文本，帶領學生做四步驟「閱讀理解」：

一、**分析結構**，並請學生提出批評。
二、**分析文辭**，思考如何優化。
三、討論如何**加入自己的經驗與體會**。
四、上網交叉比對，**確定資料真偽**（ChatGPT 有時會給出錯誤資訊）。

ＡＩ時代人類的優勢——「創意」無法被取代的關鍵

現今ＡＩ的創意不足，人類創意仍具不可取代性

然而，當筆者請 ChatGPT 寫新詩、歌詞、小說創作及文案下標時，得到的內容就十分平庸、缺乏創意。例如輸入「請用方文山的風格，寫一首讚美台中市的

歌」，得到的內容是：

不管你是南方人還是北方客
來到這片土地你都會感受到這座城市的熱情
台中市啊台中市你是我心中的寶藏
無論在哪裡我都會永遠愛戴
因為你給我生命的力量

請ChatGPT「用手機的功能，寫一首讚美愛情的詩」，得到的結果也同樣乏善可陳：

手機啊手機你帶給我
一個甜蜜的消息告訴我愛情的滋味
在你的螢幕上我看到了她的笑容
每一個訊息都讓我心跳加速
我的手指在按鍵上飛快的滑動
回覆著她溫柔的話語我知道這是真愛

目前ＡＩ寫不出「天青色等煙雨，而我在等你」這種佳句，是因為不懂「邏輯中反邏輯」的創意寫作。

創意是有邏輯的反邏輯，而ＡＩ很難反邏輯

台灣二〇二三年賣座大片《關於我和鬼變成家人的那件事》創意十足，因為它在傳統撿紅包冥婚的邏輯裡，做出反邏輯的翻轉，從傳統的女生找男生，變成男找男的反邏輯。這個新連結產生了趣味與觀點，也創造了票房。

創意必須「反常合道，無理而妙，出乎意外，入乎意中」，這種「反常」和「意外」，是ＡＩ「慣性」組合語言中，很難達到的「反邏輯」。

又例如 YouTuber 阿翰的九天玄女創作，從傳統米卦使用稻米的邏輯，利用反邏輯，改成用玉米算命，而這種反邏輯又必須再用玉米的科學邏輯去開展，便形成爆米花，以及之後「八百英尺、五百英尺的降落」。這樣契合絕妙的「邏輯裡反邏輯、反邏輯中找邏輯」，將阿翰塑造成「九天玄女全台唯一指定姊妹」。

寫作教育不是文字罐頭工廠！新時代需要「創作力」創造自己的價值

作文是為了服務考試而被硬做出來的文體，因此當然很容易就會被ＡＩ取

代，但是「創作」卻不是如此。「創作」需要創意，而創意是「創造新連結」的解決問題能力。

「天青色等煙雨」是僵化的舊知識，「我在等你」是俗人的心事，但突破僵化思維，將兩者連結在一起，便創造出新的語言。如同法國符號學大師羅蘭．巴特（Roland Barthes）所說：「語言的功用，在於它所處的位置……符號沒有僵化的格式，它們可以成形、轉化、解體。」

當這世界舊的連結無法解決問題時，就需要有創意的人才去創造新連結，去解決時代的問題。而解決問題的多寡，便決定了一個人在時代所處的位置與價值。

國立台灣師範大學教授祁立峰說：「『喻』是一切語言的核心……譬喻與意象都可以在古文裡找到源頭，而這些語境的積累愈多，就愈能幫助同學們進行溝通、表達、積累閱讀素養、展現寫作文章的含金量。」而這個「喻」便是創意的連結，例如宋玉遭忌，便以「曲高和寡」比喻自況；楚莊王欲霸中原，則以「問鼎」表達野心。

「文學創作」便是在教這種「以B說A」的連結素養，但是在校園之中，「文學創作」一直是被漠視的一塊，即使它可能是在資訊大海中，拯救寫作教育的唯一浮木。

如果教師在教學現場仍專注於「以A說A」，沒有創新連結的作文教育，不僅容易被ＡＩ取代，更不可能教出有創意素養、不會被機器人取代的下一代。

不用怕ＡＩ，要怕的是能使用ＡＩ的人

ＡＩ只會愈來愈強，不只是文字書寫，愈來愈多人類的工作都將被ＡＩ取代。然而，人類無止境的創意，仍是我們站穩新時代的橋頭堡。因此，以「引導創意」教出不被ＡＩ取代的人才，更是二十一世紀教師無可推諉的責任。

總而言之，我認為ChatGPT是一款強大的學習輔助工具，可以幫助學生更好學習和掌握知識，但也必須理解ChatGPT的適用範圍，並檢查所生成的內容，我們不是要用它取代學習和思考，而是要確保它真正幫助學生成為更好的人。只要我們學會發揮創意，懂得善用這些科技，真的不用怕被ＡＩ取代。

（本文出處：翻轉教育專欄）

未來課程

引導學生與ＡＩ共創形成新能力

口述／曾俊夫（小黑老師）採訪整理／陳雅慧

國小學生年紀還小，不用那麼快接觸ＡＩ？對這一代的孩子而言，ＡＩ既是生活日常，也是未來就業必備能力。新北市海山國小老師曾俊夫（小黑老師）分享，他在新北市積穗國小擔任老師時，曾在閱讀課程中，結合文字與繪圖ＡＩ，引導學生更深入理解文本並發揮創意。

最新的ＡＩ科技發展技術，可以用自然語言和電腦對話生成文本，或許目前大家覺得和小學生無關，但其實孩子學得很快，不久前我三年級導師班上有個學生，就使用ChatGPT寫出一篇關於運動會的週記。由於這篇文筆實在太好了，遠超過他平時的寫作程度，我一看就不對勁，便問他：「這真的是你自己寫的嗎？」

一問之下，孩子很快就承認是使用ChatGPT完成週記，因為家裡有大人使用，所以他也試著玩玩看，但下指令的技巧顯然太過生澀，沒有加上一句：「請以三年級小學生的口吻寫週記。」

許多小學老師因為多數學生還不會使用，所以認為ChatGPT和自己沒什麼關係，但事實可能並非如此。我覺得在ChatGPT出現後，目前大學以下學生未來進入職場，工作方法全都會受到影響，甚至出現黑洞效應，即是所謂的工作斷層，許多基層工作可能直接消失。

職場需要的AI力，從學校開始教

在數位媒體工作的朋友告訴我，以前他們做國外新聞的編譯，需要有初階的編譯人員，但現在幾乎都讓AI自動化工作，不僅速度快很多，品質也相當不錯，不用太多員工，只要一個編輯把關AI翻譯、做摘要、寫標題、上稿，該公司已經不需要初階的編譯和記者了。此外，商業設計和繪圖公司的人力也大量被取代。根據商業雜誌的報導，如今連基礎法務人員也面臨裁員危機。

未來初階工作都會消失，現在的小學生到大學生，出社會後要面對與過去不同的職場，因此需要不同的能力。但是在教學現場，中小學老師還是被進度、課本、測驗綁得很緊，該教的國語、數學進度都教不完，想要帶學生做專案、學習新能力，實在是相當有難度。

剛好我們學校三年級校本課程是結合閱讀，每一年學生要針對特定的主題，自己完成紙本的繪本小書，我和閱讀推動老師討論，是否要嘗試以AI生成文字和繪圖技術來製作繪本呢？雖然閱推老師欣然同意，但其實我們相當戒慎恐懼，擔心學生會不會沒學到該學的基本能力，例如閱讀理解、創意、寫作、邏輯、繪圖等。

課程設計如何融入AI練習？

在設計課程時，我嘗試在創作和科技工具間取得平衡，而今年學校主題是針對SDGs 13（完備減緩調適行動，以因應氣候變遷及其影響）議題進行繪本設計，課程當然不會直接要學生下指令：「請完成一本SDGs 13繪本。」

在大約十七節的課程中，傳統閱讀理解、引導與討論仍占了七到八節課，先是讓學生閱讀相關繪本來理解主題，接著請大家分組寫出故事大綱，設定每一個故事的角色，然後小組投票選出最喜歡的腳本大綱和五個角色。在小組討論時，每組選出一個最喜歡的大綱和角色，然後丟給ＡＩ，我使用的是 Notion AI，截至本書出版時，從教育帳號登入還沒有收費，ＡＩ繪圖則採用 Playgroud AI，在教學使用的額度內，免費軟體還算夠用。最後繪本則放在 Canva 呈現。

SDGs 13 繪本設計教學結構

課程結構如下：

一、先帶著孩子進行 SDGs 13 相關文本閱讀與討論，提取關鍵字。
二、每個孩子運用關鍵字創作一個故事，只要有角色、角色性格（人設）與故事大綱。
三、分組進行投票，每組選出一位同學的故事進行創作，也可以改編。
四、將人物設定及故事大綱放到 Notion AI 創作，產出繪本的文字內容。
五、各組再進行故事修正。
六、根據每頁故事內容，開始進行算圖（ＡＩ生成繪圖）。
七、最後整合在 Canva，做成電子繪本的形式。

在這堂課程中，我們發現孩子需要學習很多新能力。

第一是品味和選擇的能力，在傳統閱讀與小書製作的課程規劃外，由於ＡＩ生成可以迅速產出多種腳本，因此要思考怎樣的故事算是好故事？需要選出一位同學的故事大綱代表小組來給ＡＩ創作；怎樣的圖適合繪本的風格？因為每位同學透過幾句話，就能生成很多張圖，而每個人都要學著評鑑及鑑賞。在選腳本和選圖的過程中，每個人都必須學習選擇、說服和溝通。

第二是釐清問題本質的能力，讓ＡＩ算出繪本各頁圖畫的過程中，大家會發現繪本分鏡很難，不是把故事文本複製貼上當做指令，就能產出適合的圖，孩子必須學習這頁文本想表達的本質是什麼？想像畫面和情境，就像電影的劇照，可以說明故事。透過不斷的嘗試和釐清，才能下出最好的指令。

第三是體會人機合作的工作模式，過去製作小書可能需要老師協助再做內容修正，現在直接交給ＡＩ即可，有點像出版業未來可能走的「人機合作」模式。

AI對下一代的挑戰

另一件讓我印象深刻的事情是，在運用科技的過程中，也會讓學生深刻反思，到底人的價值何在？班上有個同學是繪畫比賽的常勝軍，經常代表學校去比賽並得獎，她在課程中一邊畫畫一邊流淚，因為發現以前只有自己可以畫得很好，但現在只要用文字指令請ＡＩ生成圖片，大家都畫得一樣好。她很沮喪的問：「為什麼還需要自己畫畫？」我則是反問：「你喜不喜歡畫畫？」她回答「喜歡」。只要喜歡並享受畫畫的時光，對現階段的她而言已完全足夠。

面對ＡＩ生成文字和繪圖，這一代的孩子其實不像大人那麼驚訝，因為他們沒有經歷過全手工業的時代，例如從手寫到電腦排版，我們以前都靠手寫，後來有電腦文書軟體就覺得好棒。他們是ＡＩ原生世代，雖然對這些科技工具有感，但並沒有那麼震撼。對他們來說，ＡＩ就是生活日常，像停車場的車牌辨識也是一種ＡＩ技術。

儘管有這麼多新工具，但更重要的關鍵是，我們的下一代有沒有想要解決的問題？有沒有喜歡或想要投注熱情的使命？這些才是教育所要面對的重要挑戰。

Part. 3

發現教育解方

用專題式學習迎接AI

新的教育

ＡＩ啟動新教育！專題式學習為什麼是出路？

文／陳雅慧

只要是有範圍、已經存在的內容，ＡＩ統統學得比人類快又好，學生為什麼還需要學習？未來還有什麼是人可以做？ＡＩ不能做？數十位ＡＩ相關領域的專家，以及教育界意見領袖，大家不約而同指出一道ＡＩ時代教育的解方。

下一代的小學生和國中生將是ＡＩ時代的原住民，他們在學校學習時就已經有這種技術，對於用自然的語言對電腦下幾個指令，幾秒後就可以生成一篇論文、文本和配圖，不會像我們這一代的大人如此驚訝。

教育的典範將被完全翻轉，有範圍和標準答案的考試，會被質疑：「學這些有什麼意義？」過去教育的內容都在框架內，用課綱和講求公平的升學考試，框住學生日常學習和評量範圍。段考、期末考有考試的範圍和標準答案，老師教學以進度和學生成績做為評估指標，升學的會考和學測也有標準答案和級距。

但是面對最新的ＡＩ科技，只要是有範圍、已經存在的內容，ＡＩ統統學得比人類快又好，短短幾秒鐘就可以讀完人類幾輩子都讀不完的資料，彈指之間就能用舊的資料完成論文，還能輕易通過人類苦讀才能通過的考試。

若是教育不改變，人類仍舊堅持在框框內和ＡＩ競爭，別說被取代，「生而為人的意義感」很快就會蕩然無存。為什麼還需要學習？未來還有什麼是人可以做？ＡＩ不能做？這些是人人必須面對的大哉問。

訪問了數十位ＡＩ相關領域的專家，還有關心科技發展的教育界意見領袖，大家不約而同指出，ＰＢＬ（Project Based Learning，專題式學習）是ＡＩ時代教育的解方。專題式學習並非一個新的教育關鍵字，但是在科技發展愈來愈快的時代，卻更被重視，主要理由如下：

一、專題式學習可以培養「製造問題」的人才

ＰＢＬ沒有框架，從真實世界和每一個人天生擁有的好奇心出發，台灣 Google

前董事總經理簡立峰觀察發現：「台灣過往培育的人力，九五%都是『問題解決者』，但西方國家培養的人都是在『製造問題』。」簡立峰直指台灣的學生習慣等著「被教」，「但是未來不問問題的人，會喪失學習機會。」

在全球供應鏈裡，品牌產業和製造業是天平的兩端，過去西方國家專注品牌產業，要去了解社會問題，為這些問題找到大多數解決方案，再交到另一端製造業代工國家（如台灣）去做出成品，而後進入社會。「但製造業不需要了解社會需求，它只要了解品牌需求就好。」簡立峰說。

但現在ＡＩ什麼問題都能回答，因此，從觀察生活周遭細節出發，培養孩子的問題意識，呵護孩子的好奇心，是ＡＩ時代真正無法取代的關鍵能力。

二、專題式學習激發內在動機，體會「興趣真的能當飯吃」

對世界好奇、提問是促動學習的第一步，促動學習後，才會啟動發現熱情的旅程。在本書採訪過程中，多次聽到不同專家提起自己曾經做過的「side project」，也就是有別於正職工作的專案，可以說是自己的專案。

自己想做的專案，背後代表學習者自動自發的熱情。台灣人工智慧實驗室

（Taiwan AI Labs）創辦人杜奕瑾小二時，媽媽買了一台電腦，送他去補習班學程式語言，從此就跟電腦結下緣分。念台大時，他決定自己架網站，「跟同學聊一聊這個想法，高興得睡不著，就立刻起來把程式寫好、把網站架起來，然後按照大家的回饋再去修正。」杜奕瑾到現在都還記得這段往事。

後來他才知道這種稱為「敏捷式開發」的方法，其實不僅是軟體世界的準則，更是面對未來世界的心態。「不要把精力放在『做到完美』，未來的世界沒有完美，也沒有所謂失敗，只有不斷嘗試，不斷修正，做出好的體驗。」

AI創業家謝宗震則是在週間花兩個晚上，和一群志工組成「資料英雄」團隊，義務解決社會問題，發揮影響力，也在工作中找到很大的成就和意義感。

專題式學習可以讓學生一步一步發掘好奇心和熱情，培養動手做、做了再說的態度。不要一開始就想做出完美的產品，或是提出完美的對策，先試試看才會知道下一步怎麼推進，並樂在其中。「AI幫大家省下這麼多時間，多的時間當然要去做自己有熱情的事情。」成大資工系教授蘇文鈺長期觀察大學部許多特殊選才進來的學生，他們寫程式的技術之所以大幅超越學長姊，就是因為很早就投入自己熱愛的專案，在自己給自己的專案挑戰裡，練出一身厲害的功夫。

三、專題式學習可以練習把知識用出，跨越科目的侷限

傳統的評量追求標準答案，學生在考試前抱佛腳把知識背下，就算拿到一百分，通常很快就忘記了。但透過專案式學習，必須整合所有所學的知識，包括閱讀書寫、外語、自然、社會、數學等知識。

就如同真實人生中經常面對的問題，比方說規劃一場家庭露營旅遊，或是舉辦公司新產品的上市發表會，這些都不是只運用一個科目知識就能完成。

透過這些專題，讓孩子從小有機會和真實世界連結，找到自己學習的意義，感受知識的價值，是維持和呵護學習動機非常重要的關鍵。

對老師而言，如何引導學生發展專題式學習？如何跟不同專長的老師合作發展課程？如何發展新的評量架構？這

傳統教學法	PBL 教學法
被動輸入知識	主動發掘解方
分科學習	跨領域整合知識
追求標準答案	創造解決方案
重視老師如何教	重視學生如何學
考試評量	能力導向與多元評量

資料整理｜邱紹雯
圖片提供｜Shutterstock

些都是新時代老師的挑戰，而老師面對挑戰的身影和陪伴學生的過程，就是一種最好的身教。

「去美國參訪前，覺得 project（專題）怎麼設計很重要，但去了之後覺得，learning（學習）才是關鍵。透過和學習意義連結的專題實作，能真正啟發一個人內在學習的旅程，是讓不同能力和特質的孩子，都有機會發揮所長的深度學習。」誠致教育基金會董事長李吉仁說。

PBL 不見得是面對未來教育的萬靈丹，卻是目前可見的一條路徑，讓學習可以真正的發生，改變教與學的關係，探索新的未來。

新的挑戰

舊教學法到不了一〇八課綱終點，翻轉教育需克服慣性

口述／李吉仁　採訪整理／陳雅慧、邱紹雯

誠致教育基金會董事長李吉仁，曾於二〇二三年帶領三十多位教育專家，到美國加州推動PBL專題式學習最久的HTH學校取經，目標是帶回PBL精髓，在台灣的中小學實踐以改變教育。PBL將學習與真實情境結合，正好呼應一〇八課綱強調的素養，可做為台灣推動新課綱落實的方法。

去年底AI生成科技問世，看到AI可以做很多現在白領工作，對下一代來說，未來整個生活最重要的事情，不一定是有錢、有成就，而是需要感覺到幸福，幸福這件事情已經是國家等級的一個KPI（關鍵績效指標）。

透過教育，怎麼樣讓每個人感覺幸福？

這樣的教育，應該要能啟動每個人為自己設定的目標盡全力，感覺「我有辦法創造出自己想要的生活」，而這個能力靠考試一百分也解決不了，需要教育典範的轉型。

台灣推動一〇八課綱，目的是希望能發展生活中「用得出來」的能力，最終要讓孩子有辦法在未來社會中，創造屬於自己的幸福未來。過程中有一件非常重要的事情，亦即引導他們在真實的生活情境裡學習，這正是專題式學習最重要的特色。

去年底 ChatGPT 問世後，ＡＩ人工生成智慧科技的應用人人能上手，感受到科技的威力，更積極讓大家反思教育現場必須加速轉型。因為過去學習的本質是知識的吸收和整理，學習內容以考試導向的解題練習為主，這些往往是與生活脫節的單向教導，最後學生面對一致性的考試評量，以此決定能否進入理想中的學校。不久的將來，這些都會被生成式ＡＩ取代，而且會做得更快、更好。

ＡＩ時代台灣教育面臨的難題

面對生成式ＡＩ的快速迭代，教育的諸多面向必須有效調整：學習的本質必須轉變為「如何學」，學習的內容更著重於發展自己的內在歷程，要啟發好奇心去探索自己與探索世界，學習的方法必須從和生活脫節的單向講授，轉型為從真實情境發展出的專題學習，並透過重視個別差異的評量來導引學習。

《教學的勇氣》一書作者帕克．巴默爾曾說：「最好的教育，在召喚我們進行內在的旅程，不僅讓我們過更好的人生，並且對周遭世界產生更大且賦予生命的影響。」這也是我推動ＰＢＬ最大的盼望。

如果這樣的循環真能轉動，學生為自己設定的目標努力，就是一種學習的當責，學習的循環才會像是自驅車一樣前進。這也是為什麼我認為，此時台灣需要好好認識ＰＢＬ，這個教學模式的本質有助於推動並落實一〇八課綱。

素養導向的新課綱，同樣強調在真實生活情境中學習。以素養教學為核心的一〇八課綱上路已三年多，根據媒體調查，有六到七成的國、高中老師，仍認為自己不知道該如何「教素養」。這背後代表著，現場多數老師欠缺方法，繼續用舊的思維邏輯教學，認為要增加更多的知識，或是需要更多的特色課程，至於如何將知識轉化運用成能力，這事情若沒有發生，我們孩子的成熟度也不會因為新課綱的推動，出現任何改變。

由於專題本身就是在建構一個學習的脈絡，過去傳統的上課方式，老師最多只能舉例說明，但舉例無法讓學生進入真實生活的情境，因為那不過就是一個例子。

學習不能只學知識，還必須要學知識的應用、技能的發展，以及態度、價值觀的形塑，但是在現今學科導向、考試導向的教學方式下，非常難以達到這目標。

老師的權威角色需要改變

事實上，我們一直在說，教育的走向應該要從過去以老師為知識的權威，回到以孩子為學習的主體。PBL是非常好的方法，由於專題是最後產出的結果，一個好的專題要完成，老師得要降低自身的權威，和學生一起共創學習，師生必須是平等共學，學生才有辦法在專題學習過程中真正的成長。

最後也是最重要的一點，教育的目的是啟動一個人的內在發展過程，因此學習的內在動機很重要，他要知道如何定位自己是誰？要學什麼？為什麼要做這些學習？如此，他才有辦法在未來成為一個能夠主動學習的人；但反觀現在的教育，往往都是外加跟強迫，大家認為學習是為了追求一個學位，或者是為了達成父母的期望，這就不可能發展孩子的內在學習動力。

坦白說，PBL若要在台灣推廣，有許多先天的限制，以及必須要克服的慣性，包括老師的角色、教學方法及評量都必須要改變，每個學校的條件及困難度也都不一樣，但如果不開始行動，教育就永遠在泥淖裡打轉，沒辦法脫離，而且可想而知，要用現在的方式「漸進發展」，絕對無法到達理想的終點。

對於誠致教育基金會所經營的KIST（KIPP Inspired School in Taiwan）學校而言，我們的策略共識很清楚，下一個階段就是要發展PBL。過去這兩年來，我們的學校一直在推動品格教育和SEL（社會情緒學習），做為建構孩子非認知能力的兩大重要支柱，也有具體的實踐經驗跟導入範本。推動PBL對我們最大的價值，在於能承載這些非認知能力的發展，透過專題將能有具體展現的機會，而不會僅只是思考如何與學科連結。

學科為主的評量需要翻轉

當然，只有KIST學校自己做還不夠，若想要全面推動，一定要借助「打群架」的力量才可能成功。教育其實很像手工業，若要發展PBL教案，如何執行與評量專題，都很需要老師的經驗手感。所以，我們也特別邀請不同教育社群的夥伴一起到美國取經，希望能營造一個社群，累積與分享不同的實踐經驗，讓新的教學模式有機會在台灣向前邁進。

如果這真的是一個對的方向，我也希望政策單位能重新思考以學科與考試導向為主的人才發展制度，放大學科以外的評量跟展現的比重，如此才有可能加速教育現場的改變。

教育原本就應該提供不同孩子差異化的選擇，但台灣現在就是沒有太多選擇，主要的路徑就是：來來來，來念書；去去去，去頂大。對於那些學校規模較小，以及學習學科有困難或找不到學習動機的孩子，ＰＢＬ或許是提供另一個教育選擇權的機會。

另外，我也想對教學現場的老師說，老師其實也是學生，在教的過程裡也是在學，現在這是個非常好的機會，讓我們重新去思考什麼才是對的教學模式，朝這個方向想，就當做是一個新的學習，絕對不會比現在差。反正我們最壞就是回到原狀，往上都是機會，只要願意開始，就有機會看到改變！

（本文出處：《親子天下》一二六期與線上論壇）

新的挑戰

面對PBL 爸媽在擔憂什麼？

文／張淑玲

張淑玲是台北市昶心蒙特梭利實驗教育機構創辦人，辦學十五年，從二〇二二年九月開始，從沒有固定節數、沒有固定主題，融合蒙特梭利的內功與心法，加入了專題式學習法。她也從推動經驗中，整理出父母和老師對PBL最大的疑惑。

想想看我們每一個人一生當中其實都曾經歷過各種PBL（專案），只是我們很少用這個思維想過。規劃婚禮、為自己置辦設計房子、創業、參與社會倡議行動、成為某種領域專家等，人生其實時刻都在面臨各種真實問題，而我們也在不斷解決問題中推進我們的人生。PBL不只是一種教學法，更是我們真實的人生。所以其實每個父母和老師早就具備PBL經驗了。

世界如此多嬌，我建議父母盡可能讓孩子有廣泛的各種經驗，並陪著孩子探問為什麼？關心社會與公眾議題，引發孩子對時事、環境等議題的好奇，以及了解問題所在；鼓勵孩子接觸多元文化，探索不同文化種族間的差異；讓孩子參與家中與家族的事務，理解父母的工作與職業，建立孩子對於自身與家族的了解；訓練孩子善用數位工具，學習必要技能與探索知識內容……這些都是父母可以協助培養孩子進行PBL深度學習時所需的養分與內涵。

父母可以帶著孩子一起規劃自家的PBL，例如讓孩子參與家中的裝潢與設計，讓孩子重新設計與規劃自己的房間，跟孩子一起設計全家的食譜，一起制定旅遊計劃等，這些都是隨手可得的居家PBL好方法。

國際間也不乏有些國際協作的PBL（例如iearn），或是像PenPal school上面有來自超過一百五十個國家的學生、老師與家長，在上面創造各種專題的PBL，任何人都可以加入並貢獻你的想法。或是鼓勵孩子參與非營利組織成為志工，都能讓他提早學習面對真實世界所需要的各種技能。

家長常見的質疑與擔心

對大多數的家長而言，一開始對ＰＢＬ學習法可能不是太理解。也很容易將ＰＢＬ學習法誤以為只是一般學校常見的「專題報告」而已。有些家長會以為，ＰＢＬ學習法只特別適用在某些領域的學習，而不了解其廣泛性。

所以協助家長了解什麼是ＰＢＬ，以及ＰＢＬ為何會被公認是培養學生面對未來所需能力最有效的學習方法，這些都至關重要。

家長們在了解ＰＢＬ的核心精神後，絕大多數都能暫時放下疑慮，接下來端看學校執行的成果。

這是為什麼ＰＢＬ的期末成果發表會很重要。藉由成果發表會，不僅讓學生封閉完成整個ＰＢＬ的學習流程；更重要的是讓家長參與，並「親自看見」學生經歷的旅程。

沒有任何一種說服比「親自看見」更有力量。

許多家長可能會擔心，ＰＢＬ式的學習是否會影響學科學習的時間？這可能不只是家長的疑問，也是一般學校的質疑。會這樣擔心，代表我們將ＰＢＬ跟學科學習視為互不關聯的學習行動。其實只要學科老師願意轉換思維，將學科教學

ＰＢＬ化，或許就可以減少這種疑慮。

但是要能推動ＰＢＬ，的確在時間配置上需要留給學生一定的自主空間。如果學校無法揚棄沒什麼建設意義、機械式的趕進度思維，那麼要推動ＰＢＬ的確很困難。退一萬步來說，家長在意所謂「學科時間減少」的背後，其實真正擔憂的是學生沒有學到知識與能力，而這正是ＰＢＬ要解決的事。想通這一點，就會了解學科時間分配的意義。

家長共同參與ＰＢＬ，陪伴孩子學習

ＰＢＬ在推行的過程當中，家長夥伴或社群／區夥伴（community partners）至關重要。一來專題所涉及的領域可能五花八門，老師們不可能精熟所有領域的專業，這時候家長或社群／區夥伴，可能就是領域專家最好的來源。特別是如果有些專題具有在地性或區域性，家長及社群／區夥伴甚至可能成為協力合作的對象。

所以ＰＢＬ重視的參與（Engagement），指的不只是讓學生投入，也能讓家長成為學生學習中的助力。

除此之外，由於學生會需要額外投入不少時間從事ＰＢＬ，這當中都需要家長支持並理解這種學習型態，盡可能給予學生必要的彈性。

在ＰＢＬ進行過程當中，免不了會遇到各種挫敗或停滯，當學生在其中有抱怨或萌生退意時，家長適當的鼓勵、陪伴或提供有建設性的意見，都有助於學生突破卡關之處。

（本文出處：翻轉教育專欄）

新的教學

掌握高品質PBL教學法六大核心

文／邱紹雯

推動PBL超過二十年的美國非營利組織PBLWorks，綜整世界各國教育專家的意見，提煉出「高品質PBL」的六大要素。

專題式學習（Project Based Learning，簡稱PBL），意指讓學生藉由主動參與真實世界相關、對個人有意義的專題，在過程中獲取相關的知識、技能與態度。

這裡的專題不是課後的作業或點綴，不是為了競賽，而是課程本身。背後源於建構主義的教育哲學觀，強調學習者主動且真實的參與，才會讓知識的學習開始發生脈絡與關聯，產生意義。在實踐PBL教育的光譜上，沒有統一標準，但背後的核心概念皆以學生為中心，教師做為學習的教練與促進者。推動PBL超過二十年的美國民間組織PBLWorks綜整世界各國教育專家的意見，提煉出「高品質PBL」的六大要素如下表。

（本文出處：《親子天下》一二六期）

1. 知識的挑戰與成就

Intellectual Challenge And Accomplishment

- 長時間探究一個挑戰性的問題，建立行動方案。
- 有主題領域或學科的核心概念、知識和技能的學習。

2. 連結真實

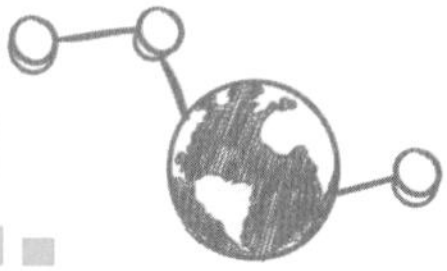

Authenticity

- 投入與自身文化、生活或未來相關且有意義的專題。
- 跳脫課本與教室，連結學校外的真實世界，產生影響。

3. 公開發表

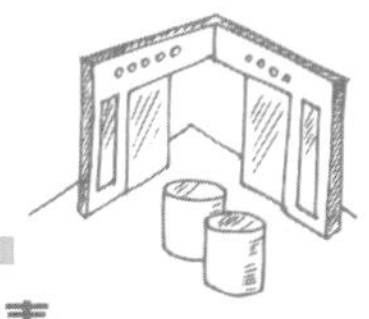

Public Product

- 和同儕、老師分享進行中的專題，接受修正反饋。
- 向課堂外的群眾展示說明成果，創造對話及反饋。

4. 團隊協作

Collaboration

- 與同儕、老師、外部專家一起完成複雜任務。
- 確保每位成員的參與，擁有決策發言權，學習調解衝突及尋求幫助。

5. 專案管理技能

Project Management

- 使用專案管理工具和策略，有效管理自己和團隊任務。
- 學習管理專題的流程、時間表與資源。

6. 反思學習

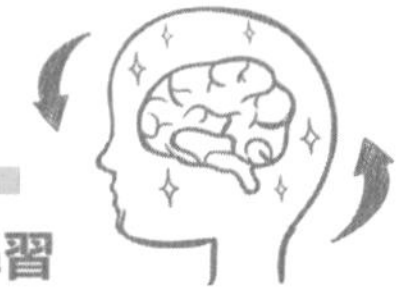

Reflection

- 在專題中反思自己的任務和學習，成為主動學習者。
- 學會評量自己和同儕間的任務，並提出改進建議。

資料來源｜HQPBL 網站
圖片提供｜Shutterstock

運用四步驟設計一套好的PBL教案

如何規劃專題式學習的學習架構及流程？本文以HTH教師如何規劃專題為例，從構思課程目標到展示學習成果，提供台灣老師從零開始授課的參考。

文／賓靜蓀、邱紹雯

High Tech High（HTH）為全球爭相取經的PBL聖地，自從HTH成立至今，各校師生已經完成上千個專題。《親子天下》取得HTH授權，摘要呈現該校在小學三年級的「穿上我的鞋」專題，兩位授課老師融合社會、語文、美術工藝、自然等學科學習目標，帶領小三學生透過鞋子，學習討論「身分認同」、「同理心」、「公平正義」、「採取行動」。

「穿上我的鞋」專題學習目標

英文有句諺語：「walk a mile in someone's shoes」（穿上某人的鞋子走一哩路），意指「將心比心」。鞋子也表徵社會階層、標示著不平等。「穿上我的鞋」專題，一方面表達從我的觀點看世界（自我認同），另一方面也探討社會的多元價值（同理）。

一開頭，此專題明確標示出以下學習目標：

目標1 透過閱讀、分析、寫作，奠定讀、寫、編輯能力

每個孩子選讀鞋子相關的小說、非小說，以及以身分認同、多元同理為主軸的篇章；全班共讀籃球明星麥可．喬登同名球鞋設計師的故事，以及分析知名流行歌〈Wing$〉的歌詞，討論七歲的男孩如何從執迷於名牌球鞋，到理解品牌帶來階級的不平等效應。

目標2 練習表達自己的意見，發展尊重、欣賞他人的差異，理解並練習同理心

全班打一場籃球，從「上籃」、「罰球」、「三分球」體會特權。討論鞋子與個人屬性、生活情境的關聯。

目標3 設計一雙獨一無二的鞋，記錄從研究、製作原型、測試到修正的歷程

先用紙為自己製作、設計一雙鞋，再利用白色帆布鞋設計專屬的球鞋。

目標4 學習尺寸、測量

學生得手腦並用，最後產出多樣成品，包括：鞋子、自我認同宣言、製鞋雜誌（包含過程中各種面向的報告）、為鞋子命名的說明、穿上自製鞋的「明星照」、同理心鞋盒（內含各種意見不合的時刻，以及解決方案）。

老師也要從一開始就思考如何「展示學習成果」。除了規劃每個孩子穿著自己設計的鞋子「走秀」之外，現場還可陳列每雙鞋的原型、每個孩子的宣言，以及〈Wing$〉的歌詞分析。

用「逆向專題計畫」發想課程

如何設計出符合ＰＢＬ精神的課程？可參考ＨＴＨ教師用於規劃課堂採用的「逆向專題計畫」（Backwards Project Planner），意指在課程設計一開始就「以終為始」，做出以下思考：

思考1 這個專題為何重要？能不能讓學生有感，每天都迫不及待想到學校來投入？

思考2 學生可以手腦並用完成的最終成品有哪些？在過程中可以發展出哪些技能？

思考3 希望學生從中學到什麼？學習內容如何對準一〇八課綱內涵，他們如何學到？

思考4 預想最後的成品將面對教室外真實的觀眾呈現與訴說，並思考一個高品質的成品應該具備哪些元素？

思考5 這個專題在展示結束後，作品是否仍然能延續在學生的生活中，而非只是一次性的作品展？

這是一個好專題／問題嗎？

通常，如何替學生聚焦一個好問題最為困難。根據法國國立土魯斯應用科學學院和比利時魯汶大學工學院合作出版、台灣翻譯的《A.P.P. 教學法實用手冊》中提到，判斷「好」專題／問題的參考標準如下：

- 探究的情境來自真實的世界或發生在學生的生活中。
- 問題是開放的、複雜的或有爭議的、讓學生感受有挑戰性的，無法立刻找出解決方案。
- 在學生的能力範圍內，可以讓他們重新運用之前所學過的知識。
- 所有的鋪陳以激發學生的好奇心為目的。
- 將自主權留給學生，讓他們有機會掌控自己的工作。
- 在學生眼中，可以在短期內感受到學習的附加價值。

接下來就參考 HTH 的專題規劃，開啟你和學生不同的學習之旅吧！

Step by Step ！
開始用 PBL 打造一門課

（圖片提供｜Shutterstock）

專題名稱：＿＿＿＿＿＿　授課階段：＿＿＿＿＿＿　學科科目：＿＿＿＿＿＿　授課教師：＿＿＿＿＿＿

STEP 1 思考目的、產品和學習目標

① 目的和投入

為什麼這個專題重要？為什麼你的學生會在乎？什麼會讓他們興奮到每天來學校想要完成這個專題？

② 核心問題

問題是真實的、沒有簡單答案，可以拉伸學生智力的肌肉，並且點燃學生的想像。

③ 專題的產出

- 你希望學生做、寫、創作、展演或打造些什麼？列出所有最終的作品或產出。
- 試著想像最後的產品。我們會在一個真正優質的最終產品中，看到哪些元素？
- 思考學生最後的作品或產出會向誰展示？誰是真實的觀眾？
- 在最終的展示結束後，這個專題會「活」在哪裡？你可以如何避免這變成「垃圾桶專案」？

④ 學習目標：你希望學生學到什麼？

- 學生需要知道什麼學科內容／學習內容（對準 108 課綱）？他們如何學到？
- 為了創作這個作品或產出，你預期學生會發展出哪些技能？有哪些證據顯示學生學到這些技能？
- 這個專題如何提升讀寫能力（Literacy）？學生將會讀些什麼？你會如何為他們搭鷹架？
- 學生會寫些什麼？你會如何為他們搭鷹架？

STEP 2 為高品質的作品和深度學習搭鷹架

① 專題產出的流程

如果目標是真正優質的最終產品，什麼是過程中你需要刻意規劃、必不可少的步驟？（例如：原型製作、打草稿、評論、精煉、排練）

② 里程碑

想一下在產出最後草案的歷程中，哪些是重要的里程碑？

- 可取得的成果：定出草案和具體產品構件的最後期限。
- 評論：接受有意義反饋的機會（來自你、同儕、外部觀眾、成人專家）。
- 反思：定期反思和記錄自己的進展。

③ 典範學習

- 有哪些傑出作品可以供學生研究？例如專家做出來的範例、你或過往學生做的作品。
- 從社區中的成人身上學習。在評論過程中，你可以帶進哪些領域專家來擔任客座講者或提供反饋？
- 專題中如何分組？如何委派任務，支持團隊中的每一位成員主動投入？

（本文出處：《親子天下》一二六期）

PBL 教案下載

STEP 3 為公平搭鷹架：誰參與其中

你會如何為特殊需求的學生進行差異化的安排，
同時考慮他們的機會／路徑與挑戰？

學生	任務	鷹架／支持／挑戰
接受個別化教育計畫（IEP）的特殊生		
能力超前，可接受更高挑戰者		
其他類型		

STEP 4 專題啟動與最終展示

① 專題啟動發布

你會如何啟動這個專題？哪些課堂活動或實地體驗會產生興奮、好奇和建立背景知識？

② 展示

學生會在哪裡展示他們的作品？什麼時候？對象是誰？

③ 策展

專題作品會在哪裡延續下去（實體或數位）？在一個實體空間中，你需要什麼材料來為這些作品策展？專題策展的過程中，你如何讓學生參與進來？

● 資料來源｜HTH Backwards Project Planner ● 中文翻譯｜KIST 教學團隊

新的理解

專題式學習和做專題不同嗎？——PBL的六大疑問解答

文／邱紹雯

PBL並非新的教學方法，在台灣也有被設計進入課綱，但多數教育工作者對其存有一些誤解，以下綜整常見疑問，幫助大家釐清迷思。

Q1：專題式學習和傳統的做專題哪裡不一樣？

A 傳統課堂中的做專題（Doing projects），通常是課程最後的作業或點綴活動，是在塞滿的時間表裡，額外「多做一件事」，這裡的專題像甜點。而以學習者

做專題 Doing projects VS. 專題式學習 PBL

PBL 中的專題

專題本身就是課程

啟動專題
從初始活動和評量尺規開始，創造學生「理解的迫切性」
和「接下來的步驟」

▼

活動、工作坊、講述、
作業、調查、實驗

▼

收集與觀摩好的作品

▼

模擬、討論、示範、
閱讀、訪談、小考

▼

收集與觀摩好的作品

▼

創造、反饋、建構、書寫、
準備、製作草圖、草稿

▼

成果發表

▼

反思學習

做專題

專題是課程最後的
作業或點綴活動

講述

▼

活動

▼

小考

▼

講述

▼

活動

▼

小考

▼

總回顧

▼

測驗

▼

做一個專題

資料來源／Katherine R. Smith ElementARy School 官網
資料整理／邱紹雯
圖片提供／Shutterstock

為中心的課堂，專題式學習（PBL）本身就是課程，將學業技能與知識內容，以及社會與情緒技能有效的統整在一起，這裡的專題像主菜。（見右頁圖）

Q2：學生年紀是否需要大一點（例如小學高年級以上），或具有先備知識才能做PBL？

A《專題式學習，從小就能開始》一書中，作者即示範如何帶領一群四歲幼兒在教室內進行PBL的教學，設計和創造一個符合他們需求與想像、兼顧學習與遊戲的戶外空間，也代表年齡跟先備經驗都不該是施行PBL教學法的限制。

書中也指出，傳統的教育哲學觀假設，知識是線性堆疊的結果，一定要先學會A，才能學會B，卻形同剝奪孩子獨立思考、解決問題的機會。源於建構主義哲學觀的PBL，運用統整的教學模式，將既定的課程標準和學習指標視為一個整體且相互關聯，而非孤立的知識或技能。這也意味著是透過專題來教學，而非以學科能力來引導專題。當教學內容被統整時，學生會因為看到所學內容間的相關性，更能有效發展知識和技能的應用。

當然，面對年紀愈小或是PBL的新手，老師需要建立學習鷹架，並逐步釋放教導的責任，而不是在沒有指導的情況下，讓孩子獨自學習與發展理解力。

Q3：PBL只適合資優班學生進行嗎？

A 無論是在傳統教育下成績優異或學習落後的學生，同樣都適合也需要PBL。PBL的教學目標是為了幫助孩子，未來進入社會做更好的準備，由於未來將愈來愈沒有清楚定義，也不會有標準答案，學校教育最重要在於培養孩子「學習如何學習」的終身學習力，同時包括具備批判思考、解決問題、團隊合作、保有創意及彈性、能自我管理的能力，相信這對所有學生而言都一樣重要。

好的教育原本也應該要為不同背景、不同能力的學生提供平等的發展機會。在美國推動PBL有二十多年歷史的High Tech High（HTH）學校群中，特別將平等（Equity）列為辦學的核心理念之一，不只在入學資格上，刻意按照居住地址抽籤，打破種族、家庭背景及學業成績的限制，讓非裔、亞裔或拉美裔學生都有機會進入該校就讀。「讓人人都有機會上大學」也是創校的願景，二十多年來，HTH畢業生進大學的比例已近九成，讀完四年制大學的比例也達七成。這無疑體現了平等蘊含的真諦，讓所有孩子都能透過PBL，找到對自己有意義的學習。

Q4：學生忙著做專題，會不會影響考試和升學？

A 儘管PBL能讓孩子學得更投入，大家仍會問：「孩子有在學嗎？」「他們學得夠多嗎？」「他們考試考得好嗎？」全球PBL教育的重要推手PBLWorks現任執行長鮑伯．蘭茲（Bob Lenz）接受《親子天下》專訪時表示，「PBL和考試成績並非二選一。」好的PBL能取得平衡的比例。

他也舉出實證研究，在PBLWorks和喬治盧卡斯教育基金會、南加州大學合作，針對美國中學裡的大學先修課程（Advanced Placement）進行隨機抽樣，藉由PBL學習的學生在檢定考試中的分數，高於傳統教科書與講述型態學習的學生，多出八％，第二年更多出一〇％。

在《二十一世紀的PBL教學》一書中，也引用了不少國外的學術研究成果，比較PBL與傳統教學方式，發現學生透過PBL，對於所學到的事物會保有比較長時間，而且有更深入的了解；另外，在重要考試中，參與PBL的學生可以跟傳統教學的學生表現得一樣好，甚至更好。

Q5：如何評量學生的專題，確認他們真的有學習？

A 在標準化的測驗及分數外，還有很多不同的評量方式，可以讓學生展示他們的理解和學習成果。HTH總部執行長瑞沙德（Kaleb Rashad）舉例，包括可以透過邏輯、詞語表達，或是創造出一個東西來表達所學的內容，甚至是透過公開的對外展示（exhibition），無論創造出什麼藝術作品或表演，都是一種展現學到什麼的方式。重點不是在於拿到一個分數就結束，過程中產生的對話及反思才是重點，這次經驗獲得了什麼？如何做出決定？過程中犯了哪些錯？下次怎樣才能更好？

在《學習超載世代》一書中，也提到以實作評量（performance Assessment）做為PBL的評量基礎，藉由作品發表、實作演練、過程記錄等，讓學生建構他們的答案。在考量各種實作評量時，教師必須自問，能充分反映學生理解教材的證明是什麼？區分作品優劣的依據是什麼？通常，教師會建構評量指標或詳細的檢核表，據此準備回饋意見，並且事先讓學生明白對最終成果的期望，以及應該如何進行。有些時候，老師也會帶領學生一起共創「好作品」的評量標準。

這些評量方式都沒有單一的正確答案，也需要教師花更多時間設計評量，另外也可以透過學生自評和同學互評來了解學習狀況。HTH的Mesa校區資深PBL

教師威格（Fernando Vega），就曾設計過「三種不同生長狀態植物」的互評單，利用茂盛、一般和新生等「中性」的植物樣態來取代A、B、C等級，讓學生更願意對自己及他人提供建設性及具體的建議。

Q6：老師趕課常常都來不及了，哪有時間帶專題？

A 世界各國的老師都曾有這樣的疑問，蘭茲認為，老師首先要打破「因為老師有教，學生就學會了」這樣的迷思。即使通過考試，六週後在沒有準備的情況下，同樣的題目再考一次，結果通常多數不及格。如果真的學會了，他們就不用為了另一次考試抱佛腳。

他以遠征式學習共同創辦人伯格（Ron Berger）的故事為例，他的父母退休後進行了第一次的歐洲旅行，二十一天玩了二十一國，回家後兩人常為了照片的所在國爭論不休，完全不記得，因為所有風景回想起來都一樣。伯格反而希望父母少玩幾個國家，但深入一個國家一整週，品嘗當地美食、語言、人文及藝術文化，才能有深刻的感受。這跟老師急著把課程教完類似，「若我們一直待在火車上趕路，學生可能永遠沒機會去搞清楚自己是誰、想要變成怎樣的人、自己的興趣在哪裡。」

參與一〇八課綱研擬的國家教育研究院課程及教學研究中心研究員洪詠善則表示，其實台灣在規劃一〇八課綱時也有將專題式學習的精神納入，釋出可以彈性應用的空間。包含高中端有自主學習課程，還有很多學校都有校訂必修、校訂選修的時間，甚至固定課程當中的社會及自然領域探究與實作，都可以用類似ＰＢＬ方式，讓學生培養專題的探究，或是做出自己的創作等。

國中、小學端則是在校訂課程，即彈性學習課程計畫中，原本也強調要能夠提出包含主題、專題或議題探究式的統整性探究課程計畫。重點或許不是有沒有時間，而在於老師的教學思維是否轉變。

（本文出處：《親子天下》一二六期）

Part. 4

啟動 PBL 實踐

專題式學習案例分享

案例1　美國HTH學校

沒有教科書的學校，教出真正的思考者

文／賓靜蓀

二十三年前還沒有太多人理解PBL時，High Tech High 就覺得PBL很重要，全面實施，該校的故事甚至被拍成獲獎無數的紀錄片。

二〇二二年十二月六日下午，南加州聖地牙哥海灣洛馬岬（Point Loma）岸邊，聚集約百位興奮的小孩和大人，正進行一場別開生面的「下水」儀式。High Tech High（HTH）小學五年級三個班的學生，兩人一組，不畏攝氏十五度低溫，拿著槳、爬進自己設計、自己用膠帶黏製、形狀各異的紙箱船內，合力在水上至少要航行兩分鐘。每當哨聲響起，岸邊就歡聲如雷，共同慶賀彼此完成這學期從研究浮力開始的「造船」專題。

同一天，在距離洛馬岬校區十三分鐘車程、HTH不靠海的Mesa校區，六年級這班正在排練隔週要演出的「手偶戲」。每組四、五個孩子，藏身在立起的桌面後，舞動著自己用襪子做的手偶，唸著自己寫的台詞——那些被歧視、失落的心情故事。每組演完，台下同學給出具體反饋：「大衛這次說話很大聲，我覺得他很勇敢」、「我喜歡這組有把感覺放進去」……為期兩個多月的「手偶戲」專題，透過書寫、同學互評，營造出一種「我們站在一起」的安全感，孩子們被療癒，也學會了同理。

這些不是一場「表演」、一次「比賽」，是美國HTH十六所學校期末的日常風景，每位學生在不同形式的「展覽之夜」展現團體的學習成果——除了老師、同學外，更邀請家人、鄰居、社區共享學習的喜悅。「以前學習只是上課、寫功課、考試，我成績好，但對學習無感；透過專題，學習變得更有創意，和老師、同學有

HTH（High Tech High）

・美國公辦民營學校群。
・年段：幼兒園到高中。
・共 16 所學校，分散在四個校區。

第一所 High Tech High 成立於 2000 年，以百分之百 PBL 教學著稱，學生按照居住地址抽籤入學。HTH 還設有教育研究所，提供 PBL 認證課程、各式客製化工作坊和課程，開放全球教師參與。

更多連結，」轉進HTH Media Arts高中才一年、為參訪團體介紹學校和PBL的學生大使科納說。

學校風景不一樣！不見榮譽榜，處處可見學生專題作品

HTH是加州著名的公辦民營學校群，雖名為high tech，但無關「高科技」。二〇〇〇年，幾位創新老師設立第一所High Tech High高中，主打百分之百專題式學習，至今已經擴展成從小學到高中共十六所學校。每一所HTH學校都不用教科書、沒有考試，課表安排不細分科目，老師憑藉專業和熱情，合作設計跨域、長達數月到一學期的專題，學生在每個連結真實世界的專題中探究，手腦並用，知道自己為何而學，並且投入學習。

二十三年來，HTH培養出一批批不會被AI取代的人才，能合作、解決問題、時間管理、終身學習，成為全球爭相取經、仿效的PBL基地，以及創新學校典範。HTH的故事甚至被拍成獲獎無數的紀錄片《極有可能成功》（Most Likely To Succeed）。

種種的「成功」常讓人誤以為HTH是熱門精英學校，但和美國許多公辦民

營學校一樣，HTH為保持學生組成多元，二十三年來堅持按照郵遞區號抽籤入學。在現有六三五〇位學生中，超過一半是拉美裔、亞裔和非裔，四成以上屬於經濟弱勢。

台灣學校門口常以跑馬燈展現學生考試成績或比賽排名，HTH則相當不同，每所學校的每一道牆面，都掛滿以班級為單位的專題作品，像是一次次策展的「學習盛宴」。每一位學生都可以興奮的為訪客講解自己的專題：「我戴的面具」立體呈現每個人不為人知的自己；「你是完美的」專題中，每個孩子模仿畫家達文西作品《維特魯威人》，畫出黃金比例的自己；「歷史和我」對照美國大事年表和自己生命大事；連化學課都可以探索自我，每個人以獨特的中子、質子和電子排列出不一樣的「我的原子結構圖」。

在HTH，PBL已經不僅是一個教學方法，更代表一種面向未來的教育哲學和價值觀。HTH不只建置自己的師培系統，更用十六所學校的力量營造一種PBL文化。投入（engage）、真實（authentic）、共同／合作（collaborate）、社群／社區（community）是HTH師生最常用的幾個字詞。

Part. 4 啟動PBL實踐

關鍵1 老師教學不一樣！

翻轉枯燥課堂，把自己的興趣變成課程

第一個關鍵是老師。每一個專題背後都是老師設計、規劃和陪伴執行的心力。這次採訪的每一位HTH老師都相信，PBL帶來深度學習的力量。每位老師似乎都身懷絕技，並把自己的興趣、嗜好或曾任職業，轉化成專題的一部分。HTH最靠近美墨邊境的Chula Vista中學部校長布恩瓦傑（Rod Buenviaje），會在面試時請老師用一分鐘分享自己生命中最重要的部分，「若老師對專業領域以外的事情充滿熱情，並能在一分鐘內講出來，他就一定會想辦法帶給學生。」

Mesa校區國中部學生主任克拉克（Corey Clark）擁有小型飛機駕照，在七年級工程課的「飛行」專題中，他教導各種動能定律，帶學生做實驗，去太空博物館和機場參觀，全方面理解飛行，和學生一起製作一台飛行模擬器。他更連結兩個人道救援組織——無國界飛行組織和西方天使航空，「為什麼要學飛行？就是要用對飛行的知識和技能去解決實際問題，例如將救災物品、藥品送到災區，或是幫忙載送偏遠地區的癌症病人就醫。」八年級的安琪兒就受到鼓勵，熟練的在模擬器上練

習，準備十六歲時去考初級滑翔翼駕照。

指導六年級手偶戲專題的老師威格（Fernando Vega）是專業舞台劇演員，渾身是戲，希望帶孩子做出「比芝麻街更嚴肅」的手偶戲專題。「好專題讓每個人都是一部分，不論當演員、寫劇本、控燈光、管音效，每個人都想把自己的心給大家看。」威格在HTH教戲劇已十四年，他計劃帶學生到兒童病房演出，證明戲劇也可以貢獻社區。

和公校老師相比，HTH老師的合約一年一聘、薪資也較低，所有教材、專題都要自己預備，絕不輕鬆，但為什麼這些老師都願意留下？「我厭倦了傳統教育中日復一日的循環：教課、出作業、考試、打分數。」高中部數學老師哈斯（Will Haase）不假思索的回答，其他老師也給出類似的理由。

HTH老師們普遍嚮往自由、創新，希望看到自己對年輕生命的影響力，不斷證明PBL才可以真正做到以每一個學生為中心。就連許多學生聞之色變的數學課，都先同理學生的心情。

來到絲特容（Sarah Strong）老師的數學課，學生先接受集體療癒。第一堂課裡，絲特容就請學生把數學當成好朋友，寫一封信給它，告訴它自己的「數學故事」。她收到的故事中，有近九成表達強烈的負面情感：「親愛的數學，我從來沒有喜歡過你，也永遠不會喜歡你，你讓我痛苦得要命」、「親愛的數學，我所有的朋友都懂你，只有我不懂，你讓我覺得自己不夠聰明」、「親愛的數學，你的基本知識很有用，但是那些進階數學根本用不到，我又沒有要當科學家，為什麼要學」……。

「如果走進教室的學生，帶著三十種不同的數學歷史、三十種不同的需要、三十種不同的學習進度，我要準備多少種教案？」這道題目開啟絲特容的探究之路，「只有專題和一個有歸屬感的教室，才能讓每個孩子獲得各自不同的成就感。」她在二〇二二年出版《親愛的數學》一書，呼籲所有跟設計數學課堂有關的大人，都應該好好傾聽學生的數學故事，「因為我們這些大人影響孩子如何看待和體驗數學課，我們要以這些故事為中心去設計每一堂數學課。」

關鍵2 校園文化不一樣！

鼓勵不怕犯錯、不怕失敗的成長性思維

第二個關鍵是營造信任的校園文化。十六所HTH學校各有特色，但都對PBL的設計原則「平等、個人化、真實作品、共同設計」有共識，並營造出一種充滿信任的校園文化。HTH相信充分認識、深刻的師生關係，才能設計出讓學生有感且有意義的專題，也才能因材施教，因此刻意維持各校平均約四百多名學生、師生比平均約一比二十五的規模。HTH鼓勵合作，每個專題都由學生小組

合作（至少兩人），老師也示範合作。新任教師有一位 mentor（職場導師）陪伴，和同年級老師共備課程、共同設計專題是家常便飯。學校建築空間設計也都方便討論、促成合作。

HTH簡化課表、整合科目，讓跨科共備更容易。例如小四的課表每天固定只有數學、讀寫、朗讀、探索和專題課，由一位老師負責教一個班級全部課程；中學以上也只有必修人文學科（humanities，包含英文和社會學科）、科學／數學（一學期輪替）、西班牙文，以及可選擇體育或深化學科的 X-Block（類似台灣的「彈性學習」）。學生不用跑班，每學期大致有一個主要專題、二至三個小專題。

PBL沒有標準答案和流程，大型專題更常要老師「冒險」走出舒適圈，但HTH的文化鼓勵並示範不怕犯錯、不怕失敗的「成長型思維」。各校校長給予每一位老師最大的支持和信任，「老師感覺被信任，才會信任學生，」Chula Vista 中學部校長布恩瓦傑說。他不會用一張檢核表去量化老師的教學成效，只觀察老師如何和孩子連結。「教學就是建立師生關係而已，我每天入班觀課五分鐘，會在午餐或下課時間跟孩子聊『某某課你在做什麼』，若有幾個孩子都說『不知道』，我就會去找老師聊聊，看他需要怎樣的協助。」類似企業裡的績效評估，布恩瓦傑每學期和每位老師進行三十分鐘的「微調對話」，並請老師寫下兩個自己可以再成長的領域，以及對學校提出一個問題，幫助全校一起變得更好。

更令台灣老師羨慕的是，HTH老師只要專心教學，無須負擔繁瑣的行政事務，各校校長和平台會承接其他行政。

關鍵3 評量方式不一樣！

報告、實驗、作品都能用來評判學生學習成果

PBL讓學生在學習過程充滿興奮感，老師也重拾教學初衷，但是來自台灣的訪客最大的疑問依然是：「有考試嗎？」「要怎麼知道學生學會了？」「升大學怎麼辦？」

HTH對評量的態度和在乎考試要公平的台灣，有根本上的差異。HTH也有小考，但目的不在分數，而在確認學生是否理解。七年級的學生大使梅解釋，每週四或週五有數學小測驗，最高四分、最低一分，「若你連續兩次得兩分，表示你不太理解，還可以再去考，若你老是得一分或兩分，老師就開始擔心你，會在上課前或放學後額外教你，或是去找學校的數學個別指導老師。」

HTH也不會用分數來判斷學生的能力表現。HTH學生在不同專題中探索自己、理解世界，考試只占整體評量的一小部分，更多不同形式的評量，不論是口頭報告、研究報告、實驗室報告、藝術成品等，都有描述清楚的四級評量標準。更重要的是同學之間的互評，以及學生自己的反思報告。「一整個專題可能有十個分

數，還有個人化學習的部分，如果一個學生擅長寫程式，另一個學生有讀寫障礙，我不會用同樣方式評量他們，我會看他們花最大努力完成的部分。」Mesa 分校高中部數位藝術老師諾貝兒（Margaret Noble）說。

學習成果不是掌握在老師手裡，「學生主導學習分享會」（Student-Led Conference，簡稱 SLC）是 HTH 以學生為中心的另一大特徵，也是 HTH 能堅持 PBL 的第三個關鍵。從幼兒園到十二年級，每學期的「親師會」由學生主持，從自己的角度向家長分享學校經驗、自己的優勢，以及還有成長空間的區塊，並提出改進之道。「我們相信 SLC 最重要、也是最真實的。我們會問，『做為學生、老師和家長，我們要如何成為教育夥伴？』」HTH 官網寫著。

HTH 給台灣的啟示是，PBL 不標榜標準答案，HTH 模式也非唯一典範，但 PBL 讓師生重新感受到教與學的樂趣，需要全校、全學區共同營造出 PBL 文化。台灣一〇八課綱已經提供一個適合嘗試 PBL 的架構，只要開始，就能帶來學習的新動能。

（本文出處：《親子天下》一二六期）

案例2　新北思賢國小附幼

學校旁中港大排，變身最佳觀察教室

文／陳奕安

一群幼兒上課時間盯著池塘，可能正在思考著如何改善小魚與蝌蚪的生活環境！思賢附幼的孩子證明年紀小也有能力解決問題。

「人厭槐葉蘋長得好多哦，要撈起來！」「池塘旁邊又都是泥巴耶，鞋子又髒了。」毛毛細雨剛停，一所國小的生態池旁，已經圍繞一群孩子熱烈討論，有人對鳶尾、台灣萍蓬草等水生植物如數家珍、有人盯著池底找小魚與蝌蚪。

他們是新北市思賢國小附設幼兒園的孩子，上課時間在生態池旁東看西看，這絕非在打混摸魚，而是用心觀察與探索，孩子用自己的力量，找出解決生活中問題的方法。

從一〇五學年起，隨著班數、師資人數增加，思賢附幼有更多資源進行教學模式轉型，將在地元素融入特色主題課程。

從孩子的興趣出發

思賢附幼主任高櫻芷說，課程轉型的初期，老師們發現學生中有近三成家庭較為弱勢，或家人忙於生計，經常使用3C育兒，導致孩子缺少文化與五感刺激，並且對生活無感，碰到問題往往認為「跟我沒關係」，等著大人來解決問題。

思賢附幼教務組長鄭依萍分享，為加強孩子的學習動機，提升觀察與思考等能力，並讓學生能就地取材、就近觀察，教學團隊結合校內擁有的菜園、生態池等環境，以及鄰近的中港大排（中港大排水溝），規劃「小小菜園」、「生態池」、「中港大排」等三大課程主題，由老師引導孩子認識主題內容後，再根據孩子的反應，調整後續深入研究與學習的方向。

因為從孩子的興趣出發，才能引起共鳴、深入討論，以「中港大排」主題來說，每班的學習歷程與成果都不同。鄭依萍舉例，有班級對於會出現在大排附近的白鷺鷥感興趣，因此孩子們翻閱書籍，發現人們俗稱的鷺鷥分為大、中、小白鷺，三者的外形、生活習性都不同；在老師引導下，孩子們合作將三種鷺鷥的異同之處匯整在海報上，還共同創作〈小白鷺之歌〉。

用積木、牛奶盒模擬疏洪

去年曾有班級透過當地耆老分享在地人文歷史，得知如今整潔的大排曾經惡臭汙濁，因此對大排維護與疏洪的方式相當好奇。回到教室後，孩子用樂高積木、牛奶紙盒、落葉等材料，模擬大排阻塞與疏洪，並用繪畫方式記錄實驗觀察，後續又將學習經驗應用在校內生態池改造。

「一開始其實是小朋友發現問題。」鄭依萍提到，當時孩子們發現生態池雨後淹水，擔心危及蝌蚪與小魚的安全，也怕積水造成同學跌倒，因此決定改造久未維護的生態池。孩子比照大排做法，清理落葉、加高周圍石岸，也帶著校長一起場勘，請校長協助加裝排水管線的工程。

獲得校長支持後，孩子們的腳步沒有停下。為了讓生態池與大排一樣清澈美麗，孩子向校外生態專家學習各式水生植物的名稱與類型，親自種植水草，解決大雨過後水質混濁的問題，並進行木偶、石頭彩繪創作，布置生態池周邊環境。

不只自己做，孩子們也期待更多人一起來守護環境。思賢附幼老師陳韋伶說，孩子們會演出戲劇、朝會宣講使用全校廣播，提醒國小的哥哥姊姊們共同保護生態池；也會由孩子擔任生態池與大排的生態導覽員，邀請社區民眾、鄰近幼兒園一起遊學，「曾有私幼小朋友聽完，說我們的課程很好玩、很羨慕！」高櫻芷笑說。

孩子近一年前從思賢附幼畢業的吳小姐分享，老師的引導啟發了孩子察覺問題、自主解決打翻東西等日常問題的能力，而最重要的影響是，「開放、沒有範圍限制的教學內容，確實影響孩子的求知欲，思考也更有彈性。」

陳韋伶在思賢附幼任教超過七年，她認為專題式學習的意義，在於建立孩子對生活的責任感、對自我能力的信任；過程中所培養的學習態度與方式、每一次失敗或成功的經驗，都能應用在未來的學習上，「讓孩子認為『我可以試試看、我或許有辦法解決問題』，是我覺得專題式學習最珍貴的地方！」

（本文出處：《親子天下》一二六期）

案例3 屏東長榮百合國小

向自己部落取經，學習用得上的知識

文／陳盈螢

因莫拉克風災成立的長榮百合國小，位在屏東縣瑪家鄉，全校從幼兒園到小六，系統性採取專題式學習，帶領孩子串聯各領域的課本知識，傳承原民文化。

炊煙裊裊升起，屏東縣長榮百合國小二年級學生正用手心輕柔護著小米穗，開心的唱著一首首原住民族語傳統歌謠，歌聲響亮得宛若環繞一整座山頭。綑綁成串、晒乾去殼，小米可以食用或做為裝飾。老師在旁翻譯解釋著耆老口傳的知識，學生聽得津津有味。這是長榮百合國小一到六年級都有的文化課。每年級主題不同，二年級要認識原民生活，三年級則是透過原民文學了解部落遷徙，到了高年級，學生都要回到古部落，進行三天兩夜的「生命回溯之旅」，要整理祖居地、生火紮營、懂得野外求生。

二〇〇九年的莫拉克颱風，重創排灣族、魯凱族發源部落三地門的大社村、瑪家村和好茶村，村民被迫遷到瑪家鄉禮納里基地。長榮百合國小自二〇一一年創校初始，就肩負起保障遷村居民受教權益、傳承原民文化的重大使命。二〇一六年轉型為公辦公營實驗小學，獲得四座教育部教學卓越金質獎殊榮。全校從附設幼兒園到小學，教學目標都在培養學生面對未來挑戰的素養能力，期許孩子們能成為未來的部落人才。

烤芋頭、土石流課貼近生活

從幼兒園到小六，長榮百合國小都系統性採取專題式學習。各年級在每週都有六、七堂「文化課程」，包含部落文化、文化研究課。這些課程都回應部落生活與文化會用到的知識，像是教孩子種植與烘烤魯凱族、排灣族主要的過冬作物——芋頭；也有因應當地的地理特色，帶領孩子以專題研究舊部落如何透過石板鋪設，預防暴雨來襲的土石流威脅，幼兒園老師也以此發展教具、教案。

「大的芋頭要擺在芋頭窯的下面，小的要放中間，不然會烤焦！」學生山謹展示他的文化筆記，領著記者前往他筆下的芋頭窯，說明他和同學如何應用自然課所學「熱空氣上升、冷空氣下降」的原理，烤熟大小不一的芋頭陣。文化課老師胡恆驥補充，芋頭窯教學不光是教孩子怎麼烤、怎麼製作芋頭乾，當做狩獵時也能食用的乾糧，還會教土壤如何形成、什麼土壤適合種植芋頭。「到古部落再學就來不及啦！」學生石皓壬很清楚，這些知識在生活中用得上。

走在校園裡，隨處都能見學生大大小小的課程作品，不難體會每一位學生都是課堂的主人。有學生在走廊貼上他們的課堂心智圖，圖文描繪出獵人如何在不同季節用漁網捕魚，例如考量到夏天常下雨，會導致洪水或土石流，因此他們會採用X型漁網，成功網起因視線不清而驚慌亂游的魚兒；也有學生畫出魚籠該如何製作，一年以下的竹子相對柔軟，因此適合竹編。

視線轉向幼兒園，小朋友和老師圍繞著校園自製的土石流教具，在有坡度的碎石子盒裡，擺放各式大小的石板，再由頂端倒入代替雨水的彈珠，觀察彈珠會聚集在何處？若要減少土石流發生，可以怎麼鋪設石板？雖然中、大班的學生還不會寫字，但他們一樣能用不同顏色的色筆和圖案，記錄實驗過程、形成解釋，就和小學部的哥哥姊姊一樣。

石板屋激起學習動機

孩子們的能力無窮，需要大人們刻意練習、營造機會。幼兒園主任侯宜宜表示，專題式學習對老師來說有挑戰度，因為老師需要轉變心態，放下主導權，才能給孩子更多的學習機會，養成對生活的敏銳度。他們曾進行一個課程，要孩子找出待解決的問題，為此老師刻意選擇不維修教室前庭已破裂的石板，帶孩子認識石板文化，也教孩子遇到不便時，不是拆了就好，維護也是選項之一。「很多老師會急著處理，但孩子沒有經歷就沒感覺。」侯宜宜說。

胡恆驥印象深刻的是，長榮百合國小轉型第一年，有兩、三名學習低成就的孩子，在上了一個月的文化課後，發現原來要蓋石板屋，不能只是憑感覺和美感，還要懂得使用數字、公式，計算密度、體積，或是運用比例尺還原實際規格，意外激起了他們對數學的求知欲；後來再也不用老師催促，就能卯起勁的埋頭演練數學習題。至今在胡恆驥的文化研究課裡，他更重視學習歷程，每年設計任務做總結性評量，紙筆測驗僅占學期平均成績約十分之一。

不光是學生喜歡，家長也樂見專題式學習。胡恆驥表示，部落文化其實出現很大的斷層，因此很多家長是透過學生帶回家的作品、作業，一起學習傳統文化。

「我們的家長很樂意學校這樣教（進行專題式學習），像是要烘烤芋頭，一次需要四百斤，但學生只種了一百斤，學校就要去買夠多的芋頭；還有教孩子烤芋頭、芋頭窯的禁忌、怎麼挑木材，在家裡沒有這樣的環境，家長也很難完成這樣的教學。」胡恆驥說。

老師組成跨領域共備社群

校長陳世聰是創校校長，也是全校發展專題式學習的幕後推手。陳世聰回顧創校之初，單純秉持一股簡單的信念辦學，「學生只要乖乖上課就好」。因為當時的孩子或因家庭結構變化，或是其他多重原因，身心靈發展亟需學校端支持。「我和老師不斷思考，孩子能投注大量能量的課會在哪邊？」後來陳世聰自書籍找靈感，看見專題式學習與實驗教育理念不謀而合，有意藉此茁壯孩子的自主學習能力，教著教著，老師們望見孩子那一雙雙發光的眼睛，而且變得喜歡上學。

親師生共同營造具歸屬感的校園環境，正是他們發展課程的關鍵。在長榮百合國小，老師組成跨領域、不分年段的共備社群。當幼教老師需請教學科知識時，其他老師就會提供協助。而校長也會幫助老師減輕教學負擔，例如搜羅不同年級、不同學科老師們的課程計畫，再協助對照學術理論，進而淬鍊出一份全校老師都通用的課程發展鷹架。「在時間的壓力下，學校老師如果有這樣的教學鷹架，就可以再多一些優雅和包容給孩子。」陳世聰說。

與孩子一起頂著陽光收割小米的老師胡欣宜，今年是她在長榮百合國小任教第六年。她說，比起一般教學，專題式學習要面對學生無邊無際的問題集，教起來很累。但她每每見著孩子努力付諸行動的模樣，便會在心底想著：「我們的孩子上補習班、安親班的機會很少，那我還能為他們多做一點什麼？」長榮百合國小在師生的共同經營下，成為一所不用刻意標榜教學理論，就能用笑容、歌聲、真摯感染很多人的魅力學校。

（本文出處：《親子天下》一二六期）

案例4　新竹縣竹東高中

解決日常生活問題，意外變學習歷程亮點

文／潘乃欣

「問題解決」是竹東高中校訂必修課，天天解考題的學生笑說，在這堂課卻是問題愈解愈多，但走過這趟歷程，每個人都被點燃學習引擎。

這是新竹縣竹東高中最難的一門課。班上每四人一組，任務是挖掘困擾生活的問題，並提出創新且可行的解方。有的組花四、五十個小時，如願催生出十分鐘成果短片，但坦言「這科以外的成績，都岌岌可危」；有些組期末兩手一攤交白卷，承認專案任務失敗，明年得再重新來過。

這門課名為「問題解決」。授課教師韓中梅以設計思考（design thinking）觀念為基底，請高二生分組發現和定義問題、提新點子、製作符合使用者需求的原型

（prototype）和測試可行性，從零到一解決問題。

問題解決課為期十八週、每週兩小時，多數組別光是發現和定義問題，就花上三分之二的時間，探討如何減肥的四人組別就是一例。

有人想變瘦，設計減肥APP

該組組員劉聖亞分享，他曾因胖到七十五公斤而立志減重，原以為多運動就能達標，每天跑步、打球卻沒見效。「到底如何瘦下來？」這個看似簡單的問題，開始在劉聖亞和其他三個組員腦中超展開。他們從源頭開始思考人為何會胖？為何想瘦？哪些既有的減重方式有效？「這堂課以解決問題為名，怎麼問題愈來愈多？」組員陳芊羽笑著回顧，把這些想法整理成架構表，是讓他們最崩潰的時光，幸好最後順利脫離邏輯不順的苦海。

四人歸納出多種肥胖樣態，並以問卷調查周遭親友，發現最令胖子困擾的具體情形是「瘦了以後又復胖」。若想避免復胖，除了運動，控制飲食外，同儕壓力也是重要良方。

於是他們參考既有的數位減肥工具，並發想設計一款名為「EzShoU（簡單瘦）」

的APP，裡頭結合吸引高中生使用的多款功能，比如星座運勢、記錄每天飲食和體重的日曆、與其他使用者比賽的機制。最後發問卷觸及四十一名受訪者，逾八成肯定這款APP有效，願意使用。劉聖亞也在專案執行過程中，憑全組理出的方案甩掉五公斤，可謂最佳代言人。

林日鈞等四名學生的組別，雖然想出創新解方，卻在觸及使用者的關卡碰壁。他們發現政府著重外來種入侵後的撲殺，造成不必要的生命危害，進而呼籲從預防端著手，處罰引入者，並在外來種身上裝追蹤晶片，最後將專題成果「解決外來種無明確規範所衍生的問題」放上公共政策網路參與平台。提案要達五千人附議，才能促成政府回應，但最終未達到政府回應門檻。

他們歸咎於自己較內向。這源自韓中梅學期初安排學生做的DISC人格特質測驗，結果顯示這組包括一名支配（Dominance）型成員，外向且具領導特質，形同老虎；一名分析（Compliance）型隊友，是內向但邏輯縝密的貓頭鷹；另有兩名穩健（Steadiness）型夥伴，是配合度高的無尾熊，但獨缺外向擅長交際、如孔雀般的影響（Influence）型組員。

正因知己知彼，四人更在乎如何突破團隊弱項，於是創立虛擬社群帳號「高忠昇」，和多個動物保護團體線上交流，解決生性害羞，又想增進議題曝光度的兩難。推廣專案之外，支配型的林日鈞當組長，分析型的吳欣芸負責收納大家的點子，「學習如何合作」是此課和其他課最不一樣，並且讓他們收獲最多的面向。

有人獨創戒髒話APP

班上另一組成員同樣合作無間，卻在查找資料過程中卡關。組員柳宗輝表示，不少同學每講三、五句話，就夾個「幹」字，髒話已成口頭禪。他們著手設計戒斷工具前，打算先爬梳官方、民間、學術界既有做法，「結果找半天都沒有，天曉得髒話歸哪個政府部會管？」

「學校其他課，都要我們寫上萬人做過的考古題，這課卻要處理沒人認真想過的問題！」組員葉家佑點出「問題解決」最特別之處，也笑稱這堂課名應改成「自找麻煩」。

接連數週找不到資料，曾想過放棄嗎？「一直都想啊，但想說頭都洗了！」葉家佑說。細數這段辛苦的路，一名隊友甚至因無法忍受不確定性，決定中途換組；剩下三人為把頭洗好洗滿，每週花六天晚上密切討論，才終於找到破關曙光。

在韓中梅引導下，他們把焦點移到「戒除」而非「髒話」，從戒菸、戒酒論述取經，最後決定結合手機錄音功能，鼓勵使用者先錄下自己常講的髒話，之後講出重複字眼時，系統便跳出通知：「今天講一次！再堅持不說兩天，就能從通緝犯升格惡徒。」三人以問卷調查七十人，約四成五願意花錢購買此產品，在免費 APP 當道的 3C 環境下，這筆數據超乎預期。

「中間多辛苦，成就感就有多爆表！」組員廖紹棋在期末發表會上，透過影片訴說自己的欣慰。

大學面試官也好奇的一門課

這些專案的幕後推手韓中梅，總結專題式學習常見的盲點，包括「不知道」自己思考有漏洞，所想解方在現實世界中「做不到」，以及「沒想到」一件事更好的可能，比如在只有馬匹的年代，難有人想到汽車跑得更快。

為解決「兩不一沒有」，韓中梅經常在教室裡持續追問提案內容，確保學生想的解方可行、沒人做過，而且對準他們起初關注的痛點。

韓中梅主修生物，課堂上用到的 DISC 測驗、團隊領導、設計思考流程，國內各大學師資培育學程都沒教，是她認為「有機會帶入教學現場」，所以自主報名業界課程學到的。

一〇六學年「問題解決」加入竹東高中課表，讓她學以致用。韓中梅指出，當年全校教師開會討論「重要但沒人教到」的事，最後由問題解決和閱讀理解兩項能力出線，獨立成科。後隨一〇八課綱上路，「問題解決」躍升人人都得學的校訂必修課。

韓中梅從獨挑大梁到如今透過自辦工作坊，培訓出九名不同領域教師，與她一起教「問題解決」，五年多來催生近三百個專題。校內雖未普查，但有數名參加大學申請入學的畢業生提到，面試官都從學習歷程檔案裡挑這門課問，好奇他們從發現到解決問題的心路歷程，也從中讀出他們的特色。

「我討厭讀書，但天天都在想如何變瘦！猜想出社會後也是這樣吧，要與人合作完成專案。」就讀商管班群、這學期沉浸在減肥專題的傅禹臻，很開心自己搶先習得未來必備的能力。

由此看來，這門課不只解決高中生日常問題，更是點燃學習動機的引擎。

（本文出處：《親子天下》一二六期）

案例5　昶心蒙特梭利實驗教育機構

十五年蒙校加入PBL，激發更多想學的熱情

文／陳盈螢

邁入第十五年的實驗教育機構昶心，在原本的蒙式教育中融入PBL，是昶心負責人帶領學校進行的下一個演進工程。

「嗶——」兩名昶心蒙特梭利實驗教育機構E1（小學一到三年級）的小朋友，協力拉開比他們都還要「長」的黃色摺疊紙卡，全長一百八十公分。他們將班上飼養的「玉米蛇」，現實生活中可以長到最長的長度，用摺疊紙卡呈現，也向參觀的來賓分享他們採訪寵物店老闆學習的新知：「握著蛇時，要一隻手抓著蛇的三分之一，另一隻手托著尾部，蛇才會有安全感。」他們口中的蛇就像小寶寶，會怕生、需要營養，到了寒假輪流照顧，全部都由小孩經家長同意規劃。

這是袓心蒙特梭利實驗教育的專題式學習期末成果發表會，借用台北市五常國中的川堂，擺設不同攤位展示學生的專題式學習成果。有小學生創作友情繪本；也有即將會考的國中生自創一套具蒙氏精神的地理教具，向體育老師取用軟木塞板、用珠針當做定位旗幟；還有幾個剛開始沒什麼專案想法的大男生，一心想架設網頁，便學習架網站，集結大家的ＰＢＬ成果，收錄在網站裡（www.charmpbl.com）。

袓心蒙特梭利實驗教育從二〇〇八年開始，教室坐落在台北市民生社區，現設有國小部和國中部，共九十名學生。從去年九月起，正式將ＰＢＬ嵌入袓心教學現場，不過剛開始的發展很「實驗」，沒有固定的節數、沒有限制的主題，全社區居民和家長都能是他們的ＰＢＬ老師，是以學習者為中心的自主探索與自我當責歷程。課程有彈性，但仍有理論與國外教學經驗，支撐起課程的四大步驟：入門活動、驅動問題、建立須知問題清單、公開發表。

孩子的自主學習力超乎想像

走進袓心蒙特梭利實驗教育的教室裡，隨處可見貼滿便利貼的板子，都是討論ＰＢＬ的痕跡。負責人張淑玲坦言，最初暑期共備時，老師們曾擔心小學生沒有想法操作PBL，便擬出了十四個主題、近百個子題，包含飲食與健康、探索自我。直到上路才發現，孩子們不但喜歡PBL，更愛「入門活動」，樂在暢所欲言，分享日常困擾，抑或用關鍵字接龍發想題目，推著老師跨階，迎接老師們都預料不到成果的PBL。

張淑玲歸納PBL的教學心法是「大人不要急著出手」。實際操作PBL的她發現，注重孩子聲音的PBL，會創造很多意想不到的學習時刻，還會看見孩子自主投入不嫻熟的主題，鑽研知識、發想策略，例如不喜歡寫功課的孩子想訂定更有趣的作業，老師則是引導孩子訪問組員、聚焦問題、掌握需求：「不想寫作業的理由是什麼?」「可以怎麼讓大家願意寫作業?」設計遊戲融入學科學習。另外還有自架網頁的學生，學寫編碼還不夠，講求新意和搞怪，精進英文寫作，寫出全英文的獨立宣言。

袒心過去十多年有蒙特梭利教育打底，這三、四年來張淑玲注意到PBL。她看見一〇八課綱的素養導向教學，提倡自主學習、探究實作、重視學習可以連結真實世界，和PBL一樣都出自建構主義的教育哲學觀，強調學習者主動且真實的參與，讓知識的學習開始發生脈絡與關聯，因此決定將PBL融入袒心課程。於是她投入研究、赴美國觀課參訪，樂於向外界分享。

「他們從小就必須要知道，自己有機會被 engage（投入）或主動 engage 真實世界，他們會從中建構出自己存在的意義。」張淑玲說。

E1 學生沐恩的媽媽很有感，孩子因為 PBL 更愛學習。記得某次沐恩向她尋求協助，希望媽媽教她畫集點卡，於是她從錢包裡掏出卡片要女兒觀察，店家用兩列五欄畫出十格，現有的紙只有七公分長，可以怎麼畫。「我不是真的要教數學，但孩子會感受到她在解決真實世界的問題。」沐恩媽媽說。

就在新的學期，袓心根據上學期的經驗，持續嘗試不同引導 PBL 教學的可能，包含調整課表、進行更個人化的主題嘗試等，幫助孩子進行有效的分組討論，發展專題式學習，找到學習在不同發展階段的旨趣。

（本文出處：《親子天下》一二六期）

Part. 5

常見疑難查索

那些，問出來擔心有點笨的問題，一次解答

安心筆記

AI名詞小字典

整理／陳雅慧

Q1：AI是什麼？

A AI是Artificial Intelligence（人工智慧）縮寫。簡單來說，就是任何讓電腦能夠表現出「類似人類智慧行為」的科技。

這個名詞雖然近四、五年才受到大眾普遍重視，但其實早在電腦剛發明的一九五〇年代，就有很多學者想要讓電腦可以跟人一樣聰明，不過很快就宣告失敗。經過漫長六十年的技術演進後，終於在二十一世紀展現曙光。

二〇一六年三月，AlphaGo打敗世界圍棋冠軍李世乭，將人工智慧一舉推升為全球矚目的焦點，二〇二二年底 ChatGPT 問世，讓人類可以用自然的語言對電腦下指令，快速生成各種文本。

Q2：ChatGPT 是什麼？

A ChatGPT 是一款聊天機器人，它會生成類似人類會寫出來的文字，而且表現超乎人類預期，可以通過大學期末考、律師考試等。ChatGPT 可以自然的回答眾多問題，為使用者整理各種資料，查找答案，但不一定正確。就技術面而言，ChatGPT 是「文本生成」的 AI 家族中，「生成式預訓練變換模型」（Generative Pre-Trained Transformer）技術的最新發展。採用深度學習（deep learning）技術，從網路上獲取的大量文本樣本進行訓練。

2011

智慧型手機開始內建語音助理

2012

Google 無人駕駛車在一般道路上測試

2014

「尤金古斯特曼」人工智慧程式讓 33％人類評審以為他們不是和電腦說話，是和 13 歲小男孩對話

2014

人工智慧機器人 pepper 誕生

2016

AlphaGo 擊敗世界圍棋冠軍

2016

IBM 超級電腦華生開始看診，癌症正確診斷率高達七成

2017
微軟人工智慧小冰出版第一本人工智慧詩集

2018
IBM 辯論機器人打敗以色列國際辯論協會主席和國家辯論冠軍

2022
ChatGPT 問世，2023 年 GPT-4 在美國律師資格考試中擊敗 90％的考生。在滿分 1600 分的美國大學入學測驗 SAT 也拿到 1300 分

Q4：AI 和 STEAM 有什麼差別？

A STEAM這個詞是由Science、Technology、Engineering、Art、Math五個英文字的字首組合而成，顧名思義，就是結合科學、科技、工程、藝術及數學五個專業領域的教育，鼓勵孩子發展應用數理、創意，以及動手做、判斷與解決問題的相關技能，透過這些科目的整合運用，培養學生面對未來的競爭力。

而人工智慧所著重的則包括六大歷程，分別是運算思維、電腦感知、表示法與推理、機器學習、人機互動及社會影響。從這六大歷程可以發現，ＡＩ是從培養程式設計學習與理解運算工具開始，逐步拆解問題、分析問題、推理、了解電腦的限制，以及善用電腦解決問題、降低對於社會負面影響，期待科技的進步能夠減少繁複、單調的工作，讓人們有更多發揮創意與天賦的空間。

Q5：AI和程式設計有什麼關係？

A 今天的人工智慧系統，底層的引擎都是機器學習模型，而機器學習模型就是以程式語言所寫成。同時，機器學習必須要基於大數據，才能歸納出有用的規則。所以我們可以做個簡單的比喻：大數據就像是原料，機器學習是處理這些原料的方法，而產出的結果就是人工智慧。

因此，在人工智慧的領域中，程式設計是不可或缺的一環。無論是一開始的建立人工智慧模型，到人工智慧系統上線之後，仍然時時都需要優化、調校來維持準確度，所以程式設計的重要性不言而喻。像大家所熟悉的AlphaGo進階版AlphaZero，它完全不需要歷史資料，而是根據圍棋規則自行對奕，產生資料來建立人工智慧，其厲害之處在於背後的演算法程式，而不在獨家資料。

Q6：AI和創客教育、自造教育有什麼關係？

A 自造教育（Maker Movement）的基本前提是，所有人都可以是創造者，應該可以用低廉的費用取得所需的硬體和軟體、科技和工具，用來發揮自己的創意。二〇一四年美國前總統歐巴馬宣布六月十八日為美國的自造日（National day of making）後，在全球掀起一陣創客風潮。

簡單來說，創客教育著重的是學生主動發現問題、分析問題，並利用多種工具與資源，創造產品解決問題的學習過程，由於過程中的深度思考，更容易生成新的創意，並且因此保持學習的熱情、增強信心。

所以，AI可以視為創客教育的工具與資源，只要學會AI的基本技術、了解AI的限制與應用範圍，再加上現在已有很多簡易的程式工具，例如Python、Arduino、Raspberry Pi等，都可以自行組裝完成人工智慧方案，這都是家長或老師可以設計讓孩子結合AI與創客的學習方式。

Q7：AI和AR、VR有什麼關係？

A 因為都給人「高科技」印象，AI、AR、VR三個名詞經常被相提並論，但實際上AI與後兩者的差異不小。

顧名思義，VR（Virtual Reality）虛擬實境是一種使用圖形和電腦技術的仿真系統，透過特殊成像技術，讓人進入一個虛擬的世界中；AR（Augmented Reality）擴增實境則是將虛擬實境延伸，結合真實場景，眼前所看到的世界有真有假。VR與AR都不是新技術，雖然過去有不少科技大廠投入，但因應用範圍較受限、消費者體驗不佳等因素，始終沒有成為市場主流。

AI技術的出現，讓AR與VR的應用有了新的想像。目前有人應用在精準醫療，協助醫院快速導入流程；有人用來做為籃球選手的訓練，讓球員更精確的練習跑位；也有人開發出試妝APP，消費者只要選擇自己想要的顏色，就能透過手機看到用在自己臉上的效果。

Q8：為什麼人工智慧是第四次工業革命？

第一次工業革命

1784

發明蒸汽機、進入蒸汽火車運送、機器製造時代

第二次工業革命

1870

發明電力汽車，工廠生產線大量製造時代，藍領工作大量被機器取代

第三次工業革命

1969

發明電腦，自動化生產

第四次工業革命

2020

人工智慧大數據機器人的技術快速發展，白領工作大量被電腦取代

安心筆記

AI時代教養指南

整理／陳雅慧

Q9：孩子該何時開始學AI？

A AI不是一門課，也不是一個科系，而是包含許多小領域的大領域。程式語言是AI的基礎。家長必須依照孩子個別興趣，決定是否帶他去嘗試。孩子可能對程式很早就感興趣，這樣因本身興趣而開始接觸、學習程式是比較適合的，但切勿太早灌輸，否則可能會扼殺孩子的學習興趣。市面上有很多不插電的繪本、童書、桌遊，可以在不使用電腦的情況下，協助孩子邊玩邊學習簡單的程式邏輯。

專家建議：「小學就開始學AI技術，太早了，因為變化太快，小學階段重要的是讓孩子體驗，保持學習的動機，並且不害怕電腦。」

Q10：AI時代小學階段該掌握哪些學習重點？

A 小學階段的學習重點如下：

❶ 不怕電腦的能力

未來一定是人類和AI一起工作的世界，小學階段有機會能接觸一點入門的程式語言，重點是了解人類和電腦怎麼溝通，不害怕電腦。

❷ 從閱讀出發的思辨力

AI技術也帶來前所未有的問題，利用聲音和照片，就可製造出極為逼真的影音，因此孩子需要從小培養思辨能力。若孩子的學習只會找標準答案，無法主動思考和創新，未來將會被AI取代。

❸動手做、解決問題的能力

動手做或探究實驗的能力，在ＡＩ時代依然重要，可以在過程中練習主動、不怕失敗的態度和精神。

Q11：AI時代國中階段該掌握哪些學習重點？

A 國中階段要培養的能力如下：

❶認識自己的能力

這是國中階段最重要的任務，孩子正值身心劇變，需要花時間向內探索，更認識自己。

除了輔導課有專門課程和性向量表，協助理解心理和身體健康外，其他各學科也可利用學科本質，協助孩子了解自己。例如看到彩虹，孩子可能有不同反應：對現象背後原理好奇（為何有七種顏色？）也許有科學家的傾向；覺得彩虹好美，想畫下來或寫下來，就是文藝屬性的展現；想做出彩虹裝置，就有工程師特質。

❷ 好奇、勇於提問的能力

提問是後設思考力，主動將察覺到的問題表達出來，代表有好奇心，才能驅動學習。

❸ 探究的能力

一〇八課綱強調探究能力，不是按部就班的做實驗，而是自己提出問題，尋求解方。探究過程中也同時學到新知識，再利用新知做探究。不僅只在自然科學領域要探究，社會科、公民科也都能培養探究的能力，協助人做決定。探究不是背史實、年代，用標準答案去應付考試，而是要去理解：為什麼那人在那時做了那樣的決定。

Q12：AI時代高中階段該掌握哪些學習重點？

A 高中階段開始累積學習歷程檔案，準備選擇未來大學就讀科系，確認自己的興趣，主要任務如下：

❶找到自己的熱情和方向

許多高中、大學老師都強調，知道自己喜歡做什麼，找到真正的熱情所在，才能啟動終身學習，有毅力克服困難。新北市新興科技推廣中心負責人、板橋高中老師顏椀君表示：「有熱情根本不需要擔心沒專業，他會把自己弄得超強，會自主去學東西。」這樣的人將立於不敗之地，不怕被取代。

❷保持彈性和適應變化的能力

科技帶來巨大的變動，未來甚至大學科系也可能改變。「選擇科系就像買衣服進入試衣間試穿，也許缺少一雙可搭配的鞋子，那就可以去補齊裝備。」建中生涯諮詢室輔導老師曲慧娟如此比喻。未來是多元能力的時代，要避免非A即B的二元選擇，允許微調。ＡＩ時代不論是斜槓或跨界，都要允許變動和更多可能性。

❸學科能力的累積

高中開始專業分流，因此特定科目必須掌握，例如高中國文和英文學習，是擴充閱讀理解這自學能力的重要工具；高中數學更是進入大學後，研究科學的基礎學問。至於資訊科技相關的程式設計與演算法，更是至關重要。

Q13：一〇八課綱裡有教相關知識嗎？

A 一〇八課綱新增的第八大領域——科技領域，包含資訊科技和生活科技。根據教育部「運算思維推動計畫」，國、高中每週一堂資訊科技課，必修程式設計，課程會介紹演算法的原理、程式設計實作、資料的表示和處理等。希望讓每一位國、高中生都有基本能力，以及理解電腦的運算邏輯。高中還提供加深加廣的科技領域課。AI、AR、VR、自走車等都屬於「新興科技」。

受訪的各級教育現場老師，都肯定一〇八課綱強調動手做和探究的能力，有助提高學習動機，也有助學生不害怕失敗。因為動手做沒有標準答案，需要不斷嘗試和修正。而強烈的學習動機和好奇心，是AI時代極為重要的特質。

目前許多國中和高中在學校的彈性課程和校本課程會融入科技領域，高中也有許多學校會開多元選修相關課程，有興趣的學生和家長，在選擇學校時可以打聽學校的社團和相關課程。

Q14：AI時代不需要閱讀了嗎？

A AI時代反而更需要閱讀，不能靠網路上的零碎訊息，要透過閱讀獲得完整的知識和訊息。AI是好工具，但知識和學習還是必要的。把大量資料輸入「類神經網絡」，透過深度學習，機器可以做出判斷和預測，現在的AI還是非常小的一部分，我們對人腦如何思考、大自然如何運作，還有太多要探索和理解。

Q15：文科生未來會找不到工作嗎？

A 文科生不代表不會用技術，未來學習程式語言的門檻也愈來愈低。有人文素養的人才更不會被取代。透過聲音、文字、影像辨識，AI可以作曲、可以寫小說；律師可以利用AI協助做判決；藝術家可以做更多藝術創作，甚至教導AI去創作。

AI界很強調 domain knowledge（領域知識），指AI需要一項或多項專業知識，去解決一個人類定義的問題。受訪的專家也都表示，AI還不能推理和無中生有的創造，必須靠人類過去的經驗學習，ＡＩ演算法交給工程師，至於訓練機器問出好問題，則要靠深厚的人文素養。

Q16：AI會不會讓孩子更沉迷網路，甚至上癮？

A 沉迷網路，甚至上癮，與是否學習ＡＩ沒有關係。多位目前在ＡＩ領域的中生代專家都表示，自己從小學中、低年級開始，因為家裡的一台電腦點燃其熱情，從打電動、設計小遊戲、破解遊戲、學程式語言、用電腦解決生活上的各種問題，他們都以自學的方式培養強大的能力。

新科技來臨，父母也要調整衡量孩子的觀念，專家們都建議，只要不影響生活和課業，父母應該適當讓孩子接觸新東西，甚至主動關心孩子在玩什麼，和孩子一起學習，而非一味禁止。孩子長時間上網、玩電玩，並不等於網路成癮。只有孩子因玩遊戲而嚴重影響現實生活，而且「停不下來」，才可能是網路成癮。

（本章出處：《親子天下》一一〇期）

Part. 5 常見疑難查索

AI 如何重塑教育
How AI Reshapes Education

學習與教育 246

作者｜陳雅慧、賓靜蓀、溫怡玲、親子天下
責任編輯｜謝采芳
編輯協力｜陳珮雯、王雅薇、陳子揚
封面設計｜黃育蘋
版型設計、排版｜中原造像股份有限公司
行銷企劃｜林思妤

天下雜誌群創辦人｜殷允芃
董事長兼執行長｜何琦瑜
媒體暨產品事業群
總經理｜游玉雪
副總經理｜林彥傑
總監｜李佩芬
行銷總監｜林育菁
版權主任｜何晨瑋、黃微真

出版者｜親子天下股份有限公司
地址｜台北市 104 建國北路一段 96 號 4 樓
電話｜ (02)2509-2800　傳真｜ (02)2509-2462
網址｜ www.parenting.com.tw
讀者服務專線｜ (02)2662-0332　週一～週五 09:00~17:30
讀者服務傳真｜ (02)2662-6048
客服信箱｜ parenting@cw.com.tw

法律顧問｜台英國際商務法律事務所・羅明通律師
製版印刷｜中原造像股份有限公司
總經銷｜大和圖書有限公司　電話｜ (02)8990-2588

出版日期｜ 2023 年 7 月第一版第一次印行
　　　　　 2024 年 9 月第一版第五次印行
定價｜ 420 元
書號｜ BKEE0246P
ISBN ｜ 978-626-305-529-2（平裝）

訂購服務
親子天下 Shopping ｜ shopping.parenting.com.tw
海外・大量訂購｜ parenting@cw.com.tw
書香花園｜台北市建國北路二段 6 巷 11 號　電話｜ (02)2506-1635
劃撥帳號｜ 50331356 親子天下股份有限公司

國家圖書館出版品預行編目（CIP）資料

AI 如何重塑教育：ChatGPT 來了！讓孩子活出熱情，啓動真探究的內在學習 / 陳雅慧，賓靜蓀，溫怡玲，親子天下著 . -- 第一版 . -- 臺北市：親子天下股份有限公司 , 2023.07
192 面；17x23 公分 . --（學習與教育；246）
ISBN 978-626-305-529-2（平裝）

1. CST：未來教育 2. CST：人工智慧 3. CST：教育發展
520　112009519